# iPhone

## Tipps und Tricks zu iOS 18

PHILIP KIEFER

Markt+Technik

ISBN 978-3-98810-043-6


Espenpark 1a
90559 Burgthann

**Produktmanagement** Christian Braun, Burkhardt Lühr
**Lektorat, Herstellung** Jutta Brunemann
**Covergestaltung** David Haberkamp
**Coverfoto** © Tanja Binder
**Satz** inpunkt[w]o, Wilnsdorf (www.inpunktwo.de)
**Druck** mediaprint solutions GmbH, Paderborn
Printed in Germany

# Inhaltsverzeichnis

# 1. Kitzeln Sie mehr raus aus Ihrem iPhone mit iOS 18

Das iPhone hat den Alltag der Menschen grundlegend verändert. Im Januar 2007 wurde das erste iPhone vom Apple-Mitgründer Steve Jobs (1955–2011) in San Francisco der Öffentlichkeit vorgestellt. Das moderne Smartphone mit Multitouch-Display war geboren. Menschen, die beim Warten an der Bushaltestelle oder an der Supermarktkasse mehrmals ihre Mitteilungen checken, oder solche, die mit der einen Hand einen Kinderwagen schieben und mit der anderen gebannt aufs Smartphone blicken, gehören inzwischen längst zum gewohnten Bild.

Seit dem Startschuss 2007 bringt das amerikanische Unternehmen Apple jedes Jahr neue iPhone-Versionen auf den Markt – mit schnellerem Chip, verbesserter Kamera und neuen praktischen Funktionen. Die iPhone-Kamera genügt mittlerweile selbst professionellen Ansprüchen.

Auch das iPhone-Betriebssystem iOS wird jährlich runderneuert, wobei es aber auch zwischendurch immer wieder mal kleinere Updates gibt. Im Zuge der Veröffentlichung des iPhone 16 und iPhone 16 Plus sowie iPhone 16 Pro und iPhone 16 Pro Max wurde iOS 18 eingeführt. Diese iOS-Version ist von Apple am 10. Juni 2024 erstmals der Öffentlichkeit präsentiert worden und wurde am 16. September 2024 veröffentlicht. Auf den nächsten Seiten erfahren Sie, welche Neuerungen iOS 18 zu bieten hat.

Das aktuelle iPhone-Betriebssystem lässt sich auf allen iPhone-Modellen installieren, die ab dem Jahr 2018 eingeführt wurden – also ab dem iPhone XR und dem iPhone XS (Modelljahr 2018) bzw. dem iPhone SE der 2. Generation (Modelljahr 2020).

Nutzer früherer Modelle bleiben außen vor, können ihr iPhone aber weiterhin mit einer älteren iOS-Version verwenden.

*Diese Abbildung zeigt ein iPhone 16 mit dem Betriebssystem iOS 18. (Quelle: Apple)*

**Falls Sie iOS 18 noch nicht installiert haben**

Haben Sie iOS 18 bisher noch nicht installiert, öffnen Sie auf Ihrem iPhone die *Einstellungen*, wählen dort den Eintrag *Allgemein* und entscheiden sich schließlich für *Softwareupdate*. Die jeweils neuste Aktualisierung wird Ihnen nun zur Installation angeboten.

Ich selbst bin seit vielen Jahren begeisterter iPhone-Nutzer. Mein erstes iPhone war das iPhone 3GS, das im Sommer 2009 auf den Markt kam. Seit dem Jahr 2010 – damals ist gerade das iPhone 4 erschienen – veröffentliche ich regelmäßig Bücher über die neusten iPhones und das jeweils aktuelle iOS. Sie können sich denken, dass sich in diesem Zeitraum eine Menge an Kenntnissen und Erfahrungen angesammelt hat. In diesem Buch möchte ich gern einige davon mit Ihnen teilen.

Sie erhalten in den folgenden Kapiteln zahlreiche Tipps und Tricks aus meiner langjährigen iPhone-Praxis. Einen Schwerpunkt möchte ich dabei auf die Neuerungen in iOS 18 legen. Aber ich stelle Ihnen auch eine Menge Altbewährtes vor, das noch nicht jedem iPhone-Nutzer vertraut ist, das Ihnen aber äußerst nützlich sein kann.

Ein paar der in diesem Buch vorgestellten Funktionen sind an die Hardware gebunden und stehen nur auf den neueren iPhone-Modellen zur Verfügung. Die Mehrzahl der geschilderten Funktionen kann aber auf jedem iPhone mit iOS 18 genutzt werden.

Ich gehe im Folgenden davon aus, dass Sie Ihr iPhone bereits in Betrieb genommen haben und auch mit den grundlegenden Bedienfunktionen vertraut sind. Falls Ihnen die Basics noch nicht geläufig sein sollten, verweise ich Sie gern auf meine ebenfalls bei Markt+Technik erhältliche Einführungslektüre zur jüngsten iPhone-Generation.

## iOS 18: die Neuerungen im Überblick

Nach dem Update von iOS 17 auf iOS 18 steht Ihnen eine ganze Reihe neuer Funktionen auf dem iPhone zur Verfügung. Damit können Sie Ihr Gerät zukünftig noch besser und effizienter handhaben als bisher. Lassen Sie mich Ihnen an dieser Stelle die wichtigsten Highlights von iOS 18 in aller Kürze vorstellen.

Mit Apple Intelligence erhält das iPhone diverse Funktionen zur Verwendung künstlicher Intelligenz (KI). Dies betrifft allerdings nur Modelle der iPhone-16-Generation sowie die Pro-Modelle der iPhone-15-Generation. Leider stand Apple Intelligence noch nicht zum Start von iOS 18 zur Verfügung und wird zunächst auch nur in englischer Sprache funktionieren.

Erste Apple-Intelligence-Funktionen werden voraussichtlich erst ab April 2025 im deutschsprachigen Raum zur Verfügung stehen. Fans von künstlicher Intelligenz müssen sich also noch gedulden.

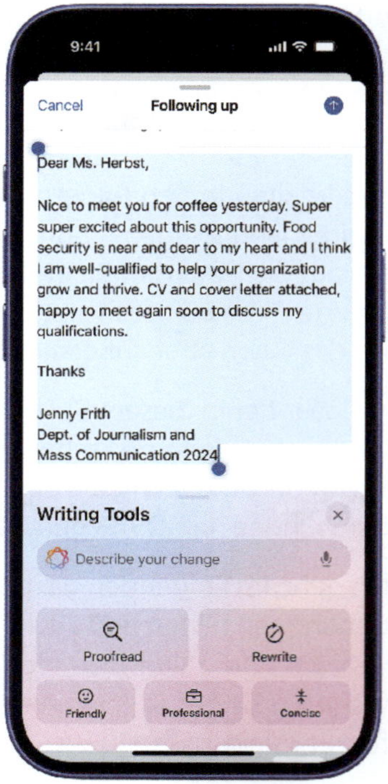


*Auf diesem iPhone 16 wird die Apple Intelligence eingesetzt, um eine E-Mail umformulieren zu lassen. (Quelle: Apple)*

Komplett neu ist in iOS 18 auch die App *Passwörter*. Zuvor konnten die gespeicherten Passwörter und Passkeys in den Einstellungen des iPhones verwaltet werden. Nun erfolgt die Verwaltung in der neuen App. Die App steht auch auf dem iPad, dem Mac und der Apple Vision Pro zur Verfügung. Außerdem erhalten Sie auf die gespeicherten Passwörter auch unter Windows Zugriff, wenn Sie dort *iCloud für Windows* installieren und die Synchronisierung der Passwörter aktivieren.

Dem Home-Bildschirm des iPhones wurden in iOS 18 deutlich mehr Anpassungsmöglichkeiten spendiert. So ist es erstmals möglich, Apps mit Abstand zu anderen Apps zu platzieren. Die Platzierung muss aber weiterhin innerhalb des für die Apps vorgesehenen Rasters erfolgen.

Die App-Symbole lassen sich außerdem anpassen. Sie können wählen, die App-Beschriftungen auszublenden und dafür die Symbole größer darzustellen. Außerdem lassen sich die App-Symbole einfärben.

*Die linke Abbildung zeigt, wie sich App-Symbole beliebig platzieren lassen; in der rechten Abbildung wird ein angepasster Home-Bildschirm dargestellt.*

Im Zusammenhang mit dem Home-Bildschirm ebenfalls neu ist das einfachere Hinzufügen von Widgets über das Kontextmenü einer App sowie das nicht mehr ganz so versteckte Ein- und Ausblenden von App-Seiten per Bearbeitungsmenü.

Andere Personen verwenden Ihr iPhone, aber Sie möchten nicht, dass diese auf bestimmte Apps zugreifen? Dann werden Sie sich über die neue Funktion *Face ID anfordern* freuen, die im Kontextmenü einer App ausgewählt wird. Um auf die App zugreifen zu können, muss diese dann per Face ID (Gesichtserkennung) entsperrt werden.

*Bestehende Steuerelemente lassen sich in der Größe anpassen, neue Steuerelemente aus einer Steuerelemente-Galerie auswählen.*

Das Kontrollzentrum, das Sie von der rechten Ecke aufs Display streichen, wurde komplett überarbeitet. Die Steuerelemente lassen sich nun einfacher hinzufügen, auf mehrere Seiten verteilen und durch Ziehen in der Größe verändern. Damit erhalten Sie auf alle für Sie wichtigen Funktionen schnell Zugriff.

Und, apropos Steuerelemente: Auch die beiden Steuerelemente unten auf dem Sperrbildschirm lassen sich in iOS 18 individuell austauschen. Standardmäßig werden Ihnen dort Symbole für die Taschenlampe sowie für die Kamerafunktion angeboten.

Wenn Sie auf Ihrem iPhone mit iOS 18 die App *Fotos* öffnen, werden Sie Veränderungen an der Fotomediathek feststellen. Ihre Sammlungen erreichen Sie jetzt durch vertikales Streichen. Welche Sammlungen eingeblendet werden, entscheiden Sie dabei selbst.

Nachrichten lassen sich in iOS 18 zu einem späteren Zeitpunkt senden. Hinzugekommen sind außerdem animierte Effekte in iMessage sowie mehr Möglichkeiten für Tapbacks (Reaktionen auf Nachrichten). Ebenfalls neu in der App *Nachrichten* ist die Unterstützung von RCS-Nachrichten für die erweiterte Kommunikation mit Nutzern ohne Apple-Geräte.

In der App *Karten* können Sie nun eigene Routen mit individuellen Wegpunkten erstellen und diese auch offline nutzen. So lässt sich beispielsweise die nächste Wanderung oder Pilgerreise planen.

Wenn Sie mit der App *Journal* ein Tagebuch führen, werden Ihnen in iOS 18 noch mehr Möglichkeiten dafür geboten. Sie können die Zeit des Tagebuchschreibens in der App *Health* als achtsame Minuten hinzufügen, Ihre Einträge sortieren und außerdem per Kalender oder Widget besser planen.

Die App *Notizen* hat in iOS 18 rechnen gelernt. Wenn Sie eine Rechenaufgabe mit den gängigen mathematischen Symbolen eingeben, wird das Ergebnis automatisch ergänzt. Wenn Sie in einer Notiz mehrere Abschnitte mit Überschriften erstellen, lassen sich einzelne Abschnitte reduzieren. Für mehr Übersicht kann außerdem das Hervorheben von Text mit Farbe sorgen.

Zum Berechnen steht weiterhin auch die App *Rechner* zur Verfügung, allerdings in iOS 18 mit etwas anderer Aufmachung. Unter anderem können Sie nun auf einen Verlauf Ihrer Berechnungen der letzten Tage zugreifen.

An Bedienungshilfen sind in iOS 18 die Blickerfassung, eine Musikhaptik sowie Stimmkurzbefehle hinzugekommen. Mit Stimmkurzbefehlen lassen sich trotz Sprechstörungen Aktionen per individuell erstelltem Sprachbefehl ausführen. Die Musikhaptik soll dazu dienen, auch Personen mit Hörproblemen am Rhythmus der Musik teilhaben zu lassen. Und die Blickerfassung ermöglicht es, das iPhone allein mit Augenbewegungen zu steuern.

Und es gibt noch verschiedene Neuerungen in weiteren Apps, etwa Event Guides in der App *Wallet*, eine überarbeitete Apple-TV-App, eine mit Gastzugriff versehene Home-App, eine neue Monatsansicht in der App *Kalender*, Verbesserungen in der App *Freeform* und ein neues Design in der App *Apple Fitness+*. Außerdem wird ein Spielmodus mit minimierter Hintergrundaktivität angeboten. Und es gibt kleinere Verbesserungen beim Datenschutz, zum Beispiel das Auswählen von Kontakten, auf die eine App zugreifen darf, oder ein verbesserter Datenschutz bei der Bluetooth-Nutzung. Das macht Lust aufs Erkunden von iOS 18!

# 2. Ihr iPhone mit iOS 18 clever bedienen

Die Bedienung eines iPhones ist bis zu einem gewissen Grad selbsterklärend. Eine App antippen und damit öffnen – diese intuitive Bedienweise versteht sogar ein Kleinkind. Und es ist nicht zuletzt die intuitive Bedienbarkeit des iPhones, die ihm zu seinem phänomenalen Erfolg verholfen hat. Doch über diese intuitiven Bedienfunktionen hinaus hat das iPhone in Sachen Bedienung noch viel mehr zu bieten, das nicht so offensichtlich ist.

Lassen Sie mich Ihnen in diesem Kapitel die neuen Bedienungshilfen vorstellen, aber auch Bedienfunktionen, die schon vor iOS 18 verfügbar waren, die aber längst nicht jeder kennt – etwa das Drag-and-drop zwischen verschiedenen Apps oder nützliche Funktionen rund um die iPhone-Tastatur.

## Das iPhone mit Blicken steuern

Die Frontkamera Ihres iPhones kann Ihren Blickrichtungen folgen und es Ihnen so ermöglichen, das iPhone – nach ein wenig Übung – nur mit Ihren Blicken zu bedienen.

Gehen Sie dazu folgendermaßen vor:

1 Öffnen Sie die iPhone-Einstellungen.

2 Wählen Sie die *Bedienungshilfen*.

3 Entscheiden Sie sich als Nächstes im Abschnitt *Physisch und Motorisch* für den Eintrag *Blickerfassung*.

4 Aktivieren Sie die gleichlautende Option.

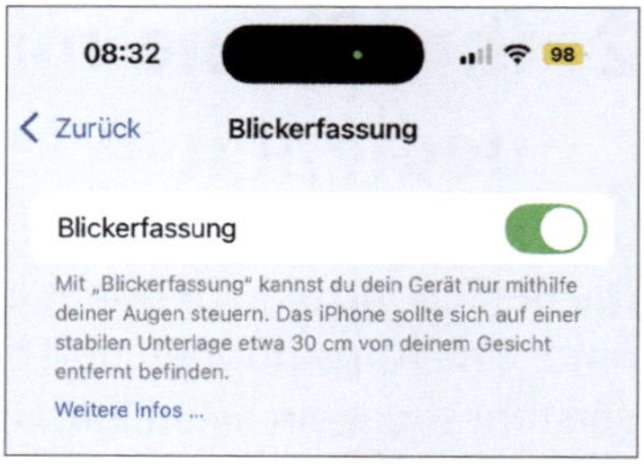


5 Nun werden Sie dazu aufgefordert, einem Kreis auf dem Display mit den Augen zu folgen. Blicken Sie dabei in einem Abstand von etwa 30 cm aufs Display.

6 Nachdem die Blickerfassung eingerichtet wurde, bewegen Sie mit Ihrem Blick einen unsichtbaren Mauszeiger. Verweilen Sie mit dem Blick auf einer Option, um diese aufzurufen.

Ist die *Zeigerbewegung* noch zu ungenau? Mit dem Schieberegler *Glätten* im Menü *Blickerfassung* können Sie die Reaktionsfähigkeit des Zeigers anpassen.

## Individuelle Stimmkurzbefehle erstellen

Die in iOS 18 neu hinzugekommenen Stimmkurzbefehle machen es möglich, dem iPhone Befehle zu erteilen, auch wenn man nicht so klar spricht bzw. nur bestimmte Laute äußern kann. Das funktioniert, allerdings reagiert das iPhone nicht sonderlich schnell auf die individuellen Stimmkurzbefehle.

Wie Sie diese einrichten, erklärt diese Anleitung:

1 Tippen Sie in den *Bedienungshilfen* im Abschnitt *Sprechen* auf den Eintrag *Stimmkurzbefehle*.

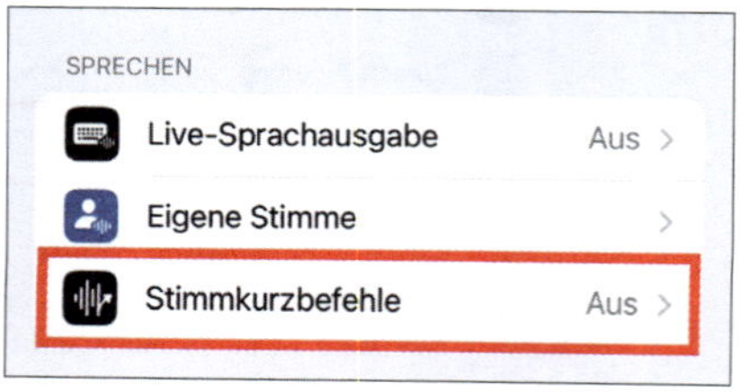

2 Als Nächstes tippen Sie auf *Stimmkurzbefehle einrichten.*

3 Bestätigen Sie mit *Fortfahren.*

4 Wählen Sie eine Aktion aus, für die Sie einen Stimmkurzbefehl erstellen möchten, zum Beispiel für das Sperren des Bildschirms.

5 Geben Sie den Befehl zunächst als Text ein.

6 Sprechen Sie den Befehl dann dreimal hintereinander, um das Einrichten abzuschließen.

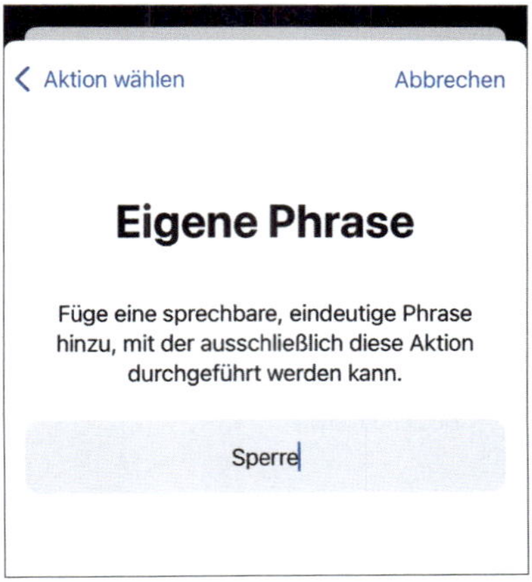

Wenn der Sprachbefehl erkannt wird, so wird er kurz oben auf dem iPhone-Display angezeigt und ausgeführt.

## Das iPhone vollständig mit Sprache steuern

Auch eine vollständige iPhone-Steuerung mit Sprache ist möglich, sodass hierfür keine motorischen Aktionen mehr notwendig sind. Sie können per Sprache nicht nur eine App öffnen, sondern beispielsweise auch auf einer Seite navigieren und die verschiedenen Touch-Gesten ausführen.

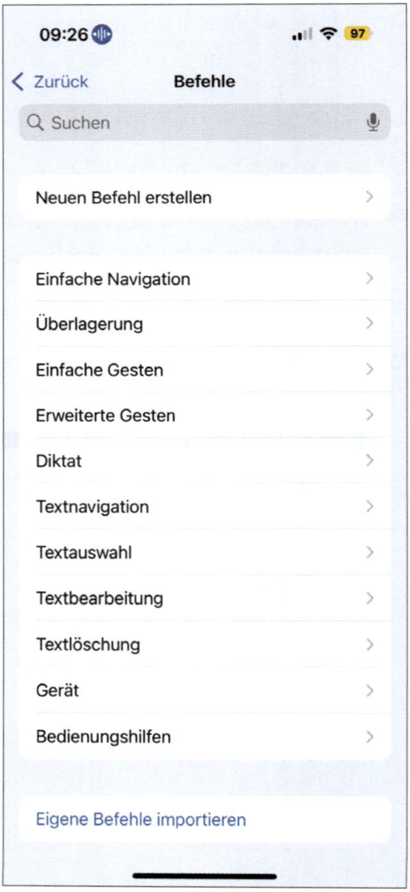


*Die Sprachsteuerung ermöglicht die handfreie iPhone-Bedienung.*

Wenn Sie die Sprachsteuerung nutzen möchten, aktivieren Sie diese in den *Einstellungen* unter *Bedienungshilfen* und dort unter *Sprachsteuerung*. Unter *Sprache* können Sie neben Deutsch auch die englische, spanische, französische, japanische sowie chinesische Sprache für die Sprachsteuerung auswählen.

Eine Übersicht über die Befehle, die Ihnen für die Sprachsteuerung zur Verfügung stehen, erhalten Sie, wenn Sie unter *Sprachsteuerung* auf den Eintrag *Befehle* tippen. Oder Sie geben der Sprachsteuerung den Befehl »Was kann ich sagen?«. Zusätzlich zu den bereits vorhandenen Befehlen können Sie der Sprachsteuerung noch individuelle Befehle hinzufügen, indem Sie auf *Neuen Befehl erstellen* tippen.

## Taschenlampe per Doppeltipp

Sie nennen kein iPhone mit Action Button Ihr Eigen? Nicht traurig sein, Ihr iPhone bietet eine äußerst praktische Bedienungshilfe, die fast genauso gut ist. Die Funktion ermöglicht es, unterschiedliche Aktionen durch einen Doppel- oder Dreifachtipp auf die Rückseite des iPhones auszuführen. So können Sie beispielsweise mit einem Doppeltipp auf die iPhone-Rückseite die Taschenlampe ein- und auch wieder ausschalten, und mit einem Dreifachtipp lässt sich das iPhone »schütteln« (etwa, um eine Aktion zu widerrufen).

So geht es Schritt für Schritt:

1. Tippen Sie in den *Bedienungshilfen* im Abschnitt *Physisch und Motorisch* auf den Eintrag *Tippen*.
2. Scrollen Sie auf der Seite ganz nach unten und wählen Sie *Auf Rückseite tippen*.

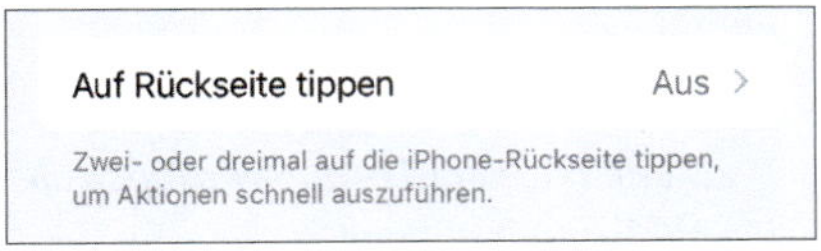

3 Nun entscheiden Sie sich entweder für *Doppeltippen* oder *Dreimal tippen*.

4 Legen Sie zum Schluss fest, welche Aktion ausgeführt werden soll, hier beispielsweise *Taschenlampe*.

## Haptisches Feedback beim Musikhören erhalten

Neu in iOS 18 ist dies: Wenn Sie in den *Bedienungshilfen* – im Abschnitt *Hören* – die Option *Musikhaptik* aktivieren, wird bei der Musikwiedergabe der Rhythmus der Musik auch als haptisches Feedback wiedergegeben. Das funktioniert allerdings nur bei Musiktiteln, die das haptische Feedback unterstützen, also keineswegs bei Ihrer gesamten Musik-Mediathek.

*Musik zum Fühlen – das wird durch die Musikhaptik ermöglicht.*

## Weitere nützliche Bedienungshilfen verwenden

Neben den gerade gezeigten Funktionen befinden sich zahlreiche weitere Bedienungshilfen mit an Bord Ihres iPhones. Diese sind zwar in erster Linie für Personen mit Handicaps gedacht – aber auch ohne Handicap können sie durchaus nützlich sein! Sie finden die Bedienungshilfen jeweils in den *Einstellungen* unter dem Eintrag *Bedienungshilfen*.

Die folgende Tabelle gibt Ihnen den ultimativen Überblick.

| Bedienungshilfe | Funktion |
|---|---|
| VoiceOver | Lassen Sie sich mit dieser Bedienungshilfe die Menüführung und Ihre sämtlichen Eingaben vorlesen. Sogar Blindenschriftgeräte lassen sich verbinden. Aber aufgepasst: Das Aktivieren von VoiceOver verändert die Bedienfunktionen des iPhones! |
| Zoom | Wenn Sie diese Funktion aktivieren, wird das iPhone-Display vergrößert bzw. alternativ ein Zoomfenster eingeblendet, das Sie mit dem Finger nach oben und unten ziehen können. Zum Aus- und erneuten Einblenden der Lupe doppeltippen Sie mit drei Fingern auf das Display. |
| Anzeige & Textgröße | Unter diesem Eintrag finden Sie verschiedene Optionen zum Anpassen der Anzeige auf dem iPhone-Display, z. B. können Sie sich für die Darstellung von fett gedrucktem oder größerem Text entscheiden oder einen erhöhten Kontrast aktivieren. |
| Bewegung | Mit dieser Funktion werden unnötige Bewegungen auf dem Display abgeschaltet. |
| Gesprochene Inhalte | Sie möchten sich von Ihrem iPhone E-Mails und weitere Texte vorlesen lassen? Dann aktivieren Sie unter *Gesprochene Inhalte* die Option *Auswahl sprechen*. Wenn Sie anschließend in einer App Text markieren, wird Ihnen das Sprechen des markierten Textes angeboten. Aktivieren Sie die Option *Bildschirminhalt sprechen*, dann ziehen Sie mit zwei Fingern vom oberen Displayrand nach unten, um sämtliche Displayinhalte vorzulesen. |

| Bedienungshilfe | Funktion |
|---|---|
| Audiobeschreibungen | Sofern in einem Medium Audiobeschreibungen enthalten sind, können Sie mit dieser Option deren Wiedergabe aktivieren. |
| Tippen | Unter diesem Eintrag werden mehrere Bedienungshilfen für die Texteingabe zusammengefasst. Dank *Assistive Touch* lässt sich das iPhone mit nur einem Finger bedienen – Gesten lassen sich in einem Menü auswählen. Beim *Einhandmodus* wird der iPhone-Bildschirm nach unten verschoben, sodass die oberen Inhalte besser erreichbar sind. Der *Haptic Touch*, also das Reagieren auf unterschiedliche Druckstärken, lässt sich hier anpassen. Haben Sie Probleme mit der Bedienung auf dem Touchscreen, nehmen Sie *Touch-Anpassungen* vor, etwa die Zeit, die vergehen muss, damit das Antippen mit dem Finger als solches erkannt wird. Mit der Funktion *Zum Aufwecken tippen* entscheiden Sie, ob das iPhone durch Antippen des Displays aus dem Stand-by-Modus aufgeweckt werden soll oder nicht. *Zum Widerrufen schütteln* funktioniert so: Haben Sie sich vertippt und möchten lediglich die letzte Eingabe rückgängig machen? Dazu schütteln Sie Ihr iPhone und wählen anschließend die Option *Widerrufen*. Unter dem Eintrag *Anrufaudioausgabe* können Sie festlegen, ob die Anrufannahme immer auf einem Headset oder dem Lautsprecher erfolgen soll. |
| Face ID & Aufmerksamkeit | Bei einem iPhone mit Face ID können Sie festlegen, ob Sie zum Entsperren in die Kamera blicken müssen oder nicht. Auch bei bestimmten Funktionen wird auf diese Weise Ihre Aufmerksamkeit geprüft. |
| Schaltersteuerung | Dank der Schaltersteuerung lässt sich das iPhone auf vielfältige Weise bedienen – unter anderem auch durch Geräusche. Aktivieren Sie dazu in den Bedienungshilfen unter *Schaltersteuerung* die Option *Schaltersteuerung*. Tippen Sie dann auf *Schalter* und wählen Sie *Neuen Schalter hinzufügen*. Entscheiden Sie sich für die »Quelle« *Geräusch* und bestimmen Sie anschließend, welches Geräusch einer Menüauswahl dienen soll. |

| Bedienungshilfe | Funktion |
|---|---|
| Sprachsteuerung | Diese Bedienungshilfe habe ich Ihnen bereits vorgestellt. Sie ermöglicht die iPhone-Bedienung nur durch Sprache. |
| Blickerfassung | Auch die in iOS 18 eingeführte Blickerfassung haben Sie bereits kennengelernt. |
| Seitentaste | Legen Sie fest: Wie schnell muss das doppelte oder dreifache Drücken der Seitentaste erfolgen, um als Doppel- bzw. Dreifachtipp erkannt zu werden? Hier passen Sie die Geschwindigkeit an Ihre Bedürfnisse an. |
| Geräte in der Nähe steuern | Diese Funktion erlaubt es, andere Geräte zu steuern, die den gleichen iCloud-Account verwenden, etwa um die Medienwiedergabe zu pausieren und fortzusetzen. |
| Hörhilfen | Wenn Sie über ein Hörgerät mit entsprechender Funktion verfügen, lässt sich dieses unter *Hörhilfen* mit dem iPhone verbinden. Unterstützt werden mit »Made for iPhone« gekennzeichnete Hörgeräte und Klangprozessoren. |
| Hörkontrollzentrum | Hier legen Sie fest, welche Optionen Sie im Kontrollzentrum verwenden möchten. Zur Verfügung stehen Kopfhörer-Anpassungen, Hintergrundgeräusche, Live-Mithören sowie Konversationsverstärkung. Um darauf Zugriff zu erhalten, fügen Sie dem Kontrollzentrum das Symbol *Hören* hinzu. |
| Geräuscherkennung | Dank Geräuscherkennung können Sie es dem iPhone erlauben, ständig auf Geräusche zu achten und Sie im Fall von Geräuschen, die Gefahr bedeuten könnten (z. B. Autohupe, laufendes Wasser usw.), zu warnen. |
| Audio/Visuelles | Schalten Sie unter diesem Eintrag zwischen Stereoklang und *Mono-Audio* um, aktivieren Sie die Kopfhörer-Anpassungen für unterstützte Kopfhörer, verwenden Sie die *Geräuschunterdrückung* oder die Lautstärke-*Balance*. Darüber hinaus können Sie mit der Option *LED-Blitz bei Hinweisen* Hinweistöne und Vibrationen beim Eingehen neuer E-Mails und Co. durch den eingebauten LED-Blitz visualisieren lassen. |

| Bedienungshilfe | Funktion |
|---|---|
| Untertitel & erweiterte UT | Diese Möglichkeit dient dem Einblenden von Untertiteln bei der Videowiedergabe. |
| Musikhaptik | Das haptische Feedback bei der Musikwiedergabe habe ich bereits an anderer Stelle beschrieben. |
| Live-Sprachausgabe | Lassen Sie das iPhone für sich sprechen, z. B. wenn Sie einen Anruf erhalten, aber gerade nicht bei Stimme sind. |
| Eigene Stimme | Bringen Sie dem iPhone Ihre Stimme bei. Das ist zwar relativ umständlich, da Sie hierfür 150 Sätze vorlesen müssen, aber dafür können Sie dann geschriebene Sätze mit Ihrer Stimme aussprechen lassen. Die Funktion stand bei Redaktionsschluss allerdings nur für englisch- und chinesischsprachige Personen zur Verfügung. |
| Stimmkurzbefehle | Das Erstellen individueller Stimmkurzbefehle zum Ausführen von Aktionen habe ich Ihnen bereits vorgestellt. |
| Tastaturen & Texteingabe | Unter diesem Eintrag können Sie eine schwebende Texteingabe aktivieren, sich bestimmte Eingaben vorlesen lassen, die Tastatur verwenden, aber auch Einstellungen zu Tastenwiederholung, Einfingerbedienung und Tastenverzögerung vornehmen. |
| Apple TV Remote | Wenn Sie Ihr iPhone als Apple-TV-Fernsteuerung verwenden, können Sie dies entweder durch Tasten oder durch Streichgesten tun. Dies bestimmen Sie hier. |
| Geführter Zugriff | Verwenden Sie den geführten Zugriff, um das Aktivieren nicht gewünschter Funktionen von vornherein auszuschließen oder bei bestimmten Funktionen eine »Kindersicherung« für andere Nutzer einzubauen. |
| Unterstützender Zugriff | Eine weitere neue Bedienungshilfe in iOS 18: Mit dem unterstützenden Zugriff können Sie die Darstellungen auf dem Home-Bildschirm auf ein Minimum beschränken. Die iPhone-Nutzung wird dadurch allerdings stark eingeschränkt. Der unterstützende Zugriff wird zunächst konfiguriert und mit einem Code versehen. Zum Beenden wird dreimal die Seitentaste gedrückt – auch dazu ist die Code-Eingabe erforderlich. |

| Bedienungshilfe | Funktion |
|---|---|
| Siri | Nehmen Sie Einstellungen zu Siri vor, etwa zur Pausenzeit oder zum Sprechtempo. |
| Kurzbefehl | Hier entscheiden Sie, welche Bedienungshilfe Sie durch dreimaliges Drücken der Seitentaste schnell hintereinander aufrufen möchten. Wenn Sie nur eine Bedienungshilfe auswählen, wird diese direkt aktiviert, bei mehreren ausgewählten Bedienungshilfen erhalten Sie beim Dreifachklick ein entsprechendes Auswahlmenü. |
| App-spezifische Einstellungen | Sie können verschiedene Bedienungshilfen, etwa das Verwenden von fettem Text, für einzelne Apps konfigurieren, und zwar unter diesem Eintrag. Fügen Sie die App hinzu und wählen Sie anschließend die Bedienungshilfen aus, die für diese App angewendet werden sollen. |

## Live Text aus Fotos, Videos oder der Kamera extrahieren

Mit der Funktion *Live Text* können Texte aus gespeicherten Fotos und Videobildern extrahiert werden sowie aus Text, den Sie mit der iPhone-Kamera erfassen.

Der extrahierte Text lässt sich zum Beispiel in die Zwischenablage kopieren, nachschlagen oder übersetzen.

Wie das Ganze funktioniert, zeigt Ihnen die folgende Anleitung anhand von *Live Text* in einem fremdsprachigen YouTube-Video, aus dem Text extrahiert und übersetzt werden soll.

1 Rufen Sie in der App *Safari* bzw. gegebenenfalls in der YouTube-App ein YouTube-Video auf und pausieren Sie die Wiedergabe an der Stelle, an der der zu übersetzende Text dargestellt wird.

**2** Wird Text erkannt, erhalten Sie die Option bzw. das Symbol *Text anzeigen*. Wählen Sie die Option bzw. das Symbol aus.

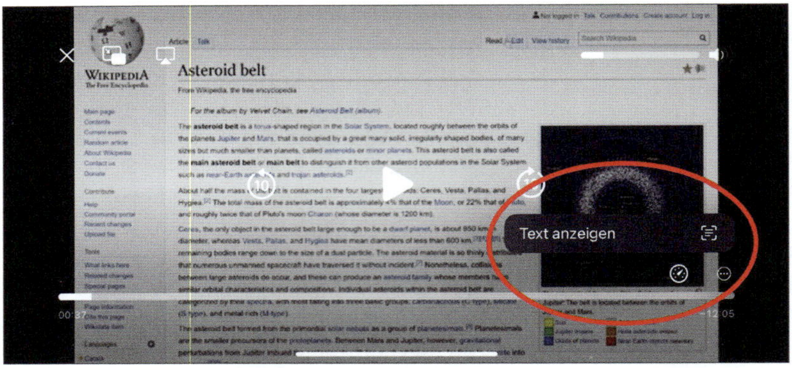


**3** Der erkannte Text wird nun auf dem Videobild hervorgehoben. Sie können den Text gedrückt halten und mithilfe der blauen Symbole markieren. Sobald Sie dies tun, wird ein Menü eingeblendet, das Ihnen Optionen für den markierten Text anbietet. Oder Sie wählen die Schaltfläche *Übersetzen*.

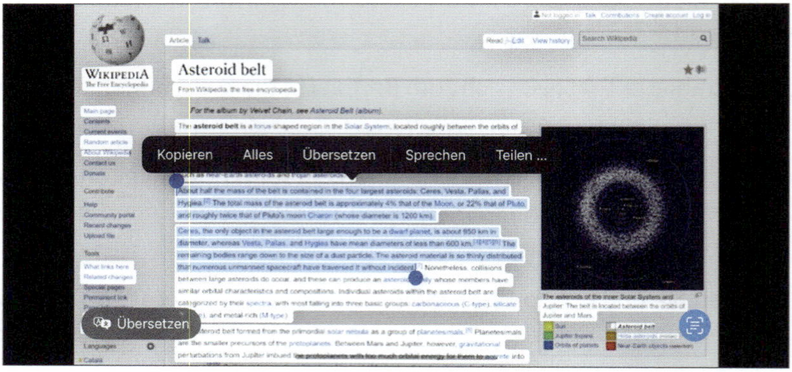

# Texte gekonnt diktieren

Auf der iPhone-Tastatur treffen Sie mit dem Finger nicht unbedingt sofort die gewünschte Taste. Alternativ setzen Sie zur Eingabe von Texten die Diktierfunktion ein. Eine Internetverbindung ist zum Diktieren nicht erforderlich.

Die Diktierfunktion lässt sich unabhängig von Siri aktivieren, und zwar in den *Einstellungen* unter *Allgemein* und dort unten über *Tastatur* mit der Option *Diktierfunktion aktivieren*. Bestimmen Sie mit dem Schalter *Automatische Interpunktion* außerdem, ob Sie eine automatische Interpunktion wünschen oder die Satzzeichen beim Diktieren mitsprechen möchten.

Um die Diktierfunktion in einer App einzusetzen, tippen Sie rechts unterhalb der iPhone-Tastatur auf das Mikrofonsymbol. Danach sprechen Sie Ihren Text ein. Bei längeren Texten gehen Sie satzweise vor. Sofern Sie auf die automatische Interpunktion verzichten, sprechen Sie auch die Satzzeichen mit, diktieren Sie also etwa »Hallo Komma wie geht es dir Fragezeichen Neue Zeile«.

Sie können jederzeit auch zwischendurch auf der Tastatur tippen und – sobald das Mikrofon wieder beim Cursor angezeigt wird – Text diktieren.

*Sie können, hier beim Diktieren einer Nachricht, jederzeit zwischen Diktat und Tastatureingabe wechseln.*

Um ein Diktat zu beenden, tippen Sie wieder auf das Mikrofonsymbol unterhalb der Tastatur. Prüfen Sie auf alle Fälle noch, ob Ihr iPhone alles richtig verstanden hat! Falls nicht, führen Sie notwendige Korrekturen von Hand durch.

Ein Diktat lässt sich alternativ auch per Siri starten, indem Sie dem Sprachassistenten beispielsweise befehlen, eine neue Nachricht oder E-Mail zu erstellen.

Entnehmen Sie der folgenden Tabelle wichtige deutsche Sprachbefehle für Ihre Diktate. Gut zu wissen: Die Diktierfunktion kann mehrere Diktiersprachen automatisch unterscheiden, die sich nach den von Ihnen hinzugefügten Tastaturen richten.

| Befehl | Ergebnis |
|---|---|
| Neue Zeile | Erstellt eine neue Zeile |
| Neuer Absatz | Erstellt einen neuen Absatz |
| Punkt | . |
| Fragezeichen | ? |
| Ausrufezeichen | ! |
| Komma | , |
| Semikolon | ; |
| Doppelpunkt | : |
| Bindestrich (diktieren Sie diesen bei zusammengesetzten Wörtern jeweils mit) | - |
| Gedankenstrich | – |
| Klammer auf | ( |
| Klammer zu | ) |
| Eckige Klammer auf | [ |
| Eckige Klammer zu | ] |

| Befehl | Ergebnis |
|---|---|
| Geschweifte Klammer auf | { |
| Geschweifte Klammer zu | } |
| Apostroph | ' |
| Anführungszeichen unten | „ |
| Anführungszeichen oben | “ |
| Zitatanfang | » |
| Zitatende | « |
| Auslassungszeichen | … |
| Eurosymbol, Sternchen, Paragrafzeichen, Pluszeichen, Klammeraffe usw. (nennen Sie jeweils das gewünschte Sonderzeichen) | €, *, §, +, @ usw. |
| Eintausendzweihundertneunundfünfzig | 1259 |
| Römisch Eintausendzweihundertneunundfünfzig | MCCLIX |
| Siebter März Zweitausendfünfundzwanzig | 7. März 2025 |
| Zehn Uhr Fünfzehn (oder auch Viertel nach Zehn) | 10:15 Uhr |
| Elf Euro Achtunddreißig | 11,38 € |
| Fünfzig Zentimeter | 50 cm |
| Smiley Gesicht | :-) |
| Zwinkerndes Gesicht | ;-) |
| Trauriges Gesicht | :-( |
| Lachendes Gesicht | :-D |

**Ein Wort soll ausschließlich in Großbuchstaben diktiert werden?**

Wenn Sie Text ausschließlich in Großbuchstaben diktieren möchten, geben Sie vor der entsprechenden Passage den Befehl »Großschaltung anfangen«. Nach dem Diktieren der großgeschriebenen Wörter sagen Sie dann »Großschaltung beenden«.

## Individuelle Siri-Kurzbefehle erstellen

Der Sprachassistent Siri wurde 2011 auf dem iPhone 4S eingeführt. Siri kann Ihnen Nachrichten, Ereignisse und Co. erstellen, aktuelle Bundesliga-Ergebnisse abfragen oder feststellen, was gerade im Kino läuft, Apps öffnen, Währungen umrechnen und noch so einiges mehr.

Die künstliche Intelligenz Apple Intelligence steht auch bei Siri bereits in den Startlöchern und wird den Funktionsumfang des Sprachassistenten noch deutlich erhöhen.

Um Siri empfangsbereit zu machen, halten Sie die Seitentaste gedrückt. Siri reagiert auch auf Zuruf, sofern Sie in den *Einstellungen* unter *Siri* die Option *Sprich mit Siri* aktiviert haben. Diese Funktion saugt allerdings ein wenig am iPhone-Akku, sodass Sie sie wirklich nur bei Bedarf einschalten sollten. Ein weiteres Manko: Bei Umgebungsgeräuschen versteht Siri Sie entweder gar nicht oder ziemlich schlecht.

**Siri Ihren Spitznamen beibringen**

Falls Sie von Siri mit einem Spitznamen angesprochen werden möchten, kein Problem! Sagen Sie zu Siri: »Nenn mich Meister!«. Zukünftig wird Siri dann diesen Spitznamen verwenden, wenn sie Sie mit Namen anspricht.

Dank der Siri-Kurzbefehle kann Siri auch individuelle, von Ihnen definierte Befehle ausführen. Um Siri-Kurzbefehle zu erstellen, steht Ihnen – standardmäßig auf der zweiten Seite des Home-Bildschirms – die App *Kurzbefehle* zur Verfügung. Lassen Sie mich Ihnen hier vorführen, wie Sie mit einem einzigen Wort Ihre Lieblingswebseite aufrufen können:

1. Öffnen Sie die App *Kurzbefehle*.
2. Tippen Sie nun rechts oben in der App auf das Plussymbol.
3. Wählen Sie in der App-Liste *Safari*.

4 In diesem Fall soll eine Webseite aufgerufen werden, deshalb entscheiden Sie sich für *URLs öffnen*.

5 Geben Sie die gewünschte Webadresse ein, zum Beispiel www.mut.de.

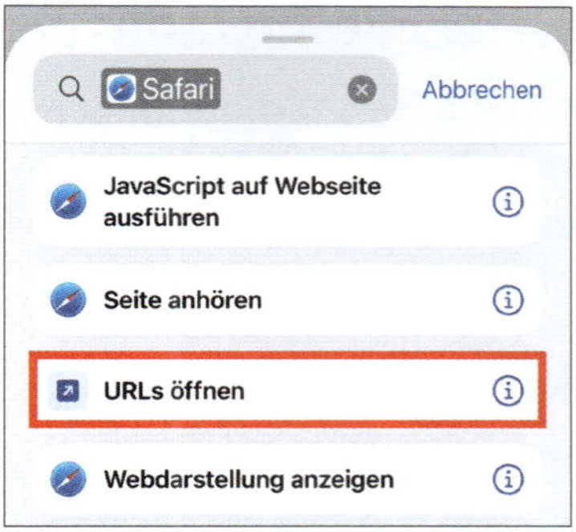


6 Zu guter Letzt benennen Sie oben den automatisch erzeugten Kurzbefehl um, indem Sie auf den zugehörigen Pfeil klicken und die entsprechende Option wählen. Vergeben Sie den Befehl, den Sie zum Öffnen der Webadresse verwenden möchten. In diesem Fall gebe ich *Öffne Verlag* ein und bestätige mit *Fertig*.

Wenn Sie Siri den entsprechenden Befehl geben, wird prompt die Webseite aufgerufen. Der Kurzbefehl zum Aufrufen von Webseiten wird natürlich desto nützlicher, je länger die Webadresse ist, die Sie Siri sonst nennen müssten. Wie Sie in der App sehen werden, lassen sich eine Menge weiterer Arten individueller Kurzbefehle definieren. Erstellen Sie individuelle Kürzel für Siri-Befehle, die Sie häufig ausführen!

**Eine Automation erstellen**

Siri-Befehle lassen sich nicht nur per Sprache ausführen, sondern sie lassen sich auch mit einer von Ihnen festgelegten Funktion verknüpfen. Dazu wählen Sie in der App *Kurzbefehle* in der Rubrik *Automation* die Option *Neue Automation*. Das Einrichten einer Automation ähnelt dem Erstellen von Siri-Kurzbefehlen.

## Nervende Tastaturfunktionen abschalten

Die meisten Tastaturfunktionen auf Ihrem iPhone sind sehr praktisch, manche könnten sie jedoch auch als nervig empfinden. Wie Sie potenziell nervende Funktionen mit wenigen Handgriffen deaktivieren, lesen Sie im Folgenden.

### Keine Textvorschläge gewünscht?

Vielleicht fühlen Sie sich durch die Wortvorschläge während des Eintippens von Text eher gestört und möchten diese Funktion lieber abschalten? Möchten Sie die Textvorschläge oberhalb der Tastatur ausblenden, gehen Sie in die *Einstellungen*, wählen *Allgemein* und dann *Tastatur*, um schließlich den Schalter *Textvorschläge* zu deaktivieren.

### Intelligente Interpunktion verwenden – oder eher nicht?

Auch die intelligente Interpunktion gibt nicht nur Anlass zur Freude. Die Funktion dient dazu, eingegebene Satzzeichen automatisch dem jeweiligen Text anzupassen.

Manchmal erfolgen jedoch nicht gewünschte Korrekturen, so wird etwa aus zwei Bindestrichen einfach ein langer Strich gemacht. Das Deaktivieren der Option *Intelligente Interpunktion* erfolgt ebenfalls in den *Einstellungen* unter *Allgemein* und dort unter *Tastatur*.

### Tastatur nur mit Großbuchstaben?

Wie Sie sicherlich bereits festgestellt haben, zeigt Ihnen die iPhone-Tastatur jeweils an, ob Sie gerade einen Klein- oder einen Großbuchstaben eintippen. Sie erkennen dies zwar auch am Erscheinungsbild der [⇧]-Taste, doch so ist es wirklich eindeutig.

Wenn Sie aber eine Tastatur bevorzugen, auf der nur die Großbuchstaben zu sehen sind, tippen Sie in den *Einstellungen* unter *Allgemein* auf *Tastatur* und deaktivieren den Schalter *Zeichenvorschau*.

**Schneller umschalten**

Apropos ⇧-Taste: Wenn Sie auf der iPhone-Tastatur von Klein- auf Großschreibung umschalten möchten, können Sie einfach die ⇧-Taste antippen und gedrückt halten und dann mit dem Finger zum gewünschten Buchstaben ziehen. Und falls Sie beim Eintippen eines Textes mal auf dem falschen Buchstaben landen sollten, brauchen Sie den Finger lediglich auf den gewünschten anderen Buchstaben zu ziehen – das iPhone setzt nur den Buchstaben, den Sie zuletzt loslassen. Dank der QuickPath-Funktion können Sie auch ganze Wörter »streichen« statt zu tippen, indem Sie ohne Pause zu den Buchstaben der Wörter ziehen.

## Tastatur eines Drittanbieters nutzen

Falls Ihnen die Standardtastatur des iPhones nicht zusagt, lässt sich diese durch die Tastatur eines Drittanbieters ersetzen. Wenn Sie im App Store nach dem Begriff *tastatur* suchen, finden Sie eine stattliche Anzahl entsprechender Apps.

Hier stelle ich das Einrichten anhand der App *Gboard* von Google vor:

1 Laden Sie die Tastatur-App aus dem App Store.

2 Wählen Sie in den *Einstellungen* unter *Allgemein/Tastatur/Tastaturen* die Option *Tastatur hinzufügen*.

3 Entscheiden Sie sich für die heruntergeladene Drittanbieter-App.

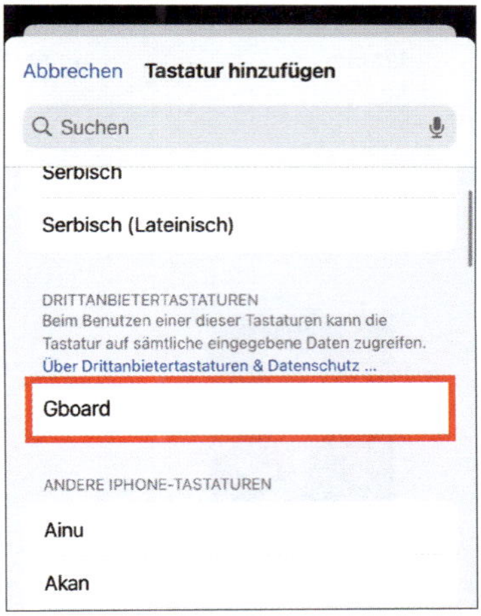

4 Tippen Sie die hinzugefügte Tastatur gegebenenfalls anschließend an, um ihr per Schalter den vollen Zugriff zu erlauben. Achtung! Voller Zugriff bedeutet, dass der Entwickler sehr viele Daten von Ihnen sammeln kann. Gestatten Sie den Vollzugriff also nur absolut seriösen Anbietern!

## Datei per Drag-and-drop verschieben

Wollen Sie eine Datei von einer App in eine andere verschieben, können Sie die Technik Drag-and-drop verwenden. Es ist zwar etwas fummelig, aber durchaus praktikabel.

Möchten Sie zum Beispiel eine Bilddatei von einer Webseite in ein Notizblatt der App *Notizen* übernehmen, gehen Sie folgendermaßen vor: Halten Sie das Bild auf der Webseite gedrückt und machen Sie eine kleine Ziehbewegung, sodass das Bild in einer Miniversion dargestellt wird.

Mit der anderen Hand ziehen Sie den App-Umschalter vom unteren Displayrand auf das Display bzw. rufen den Home-Bildschirm auf. Öffnen Sie die gewünschte App, in diesem Fall die App *Notizen*. Ziehen Sie die Bilddatei in das Notizblatt und lassen Sie es erst dort los.

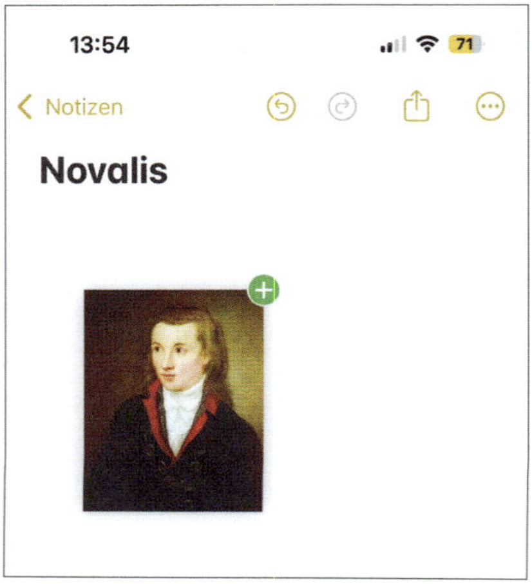


*Hier wird ein Bild mit dem Finger von einer Webseite auf ein Notizblatt gezogen.*

**Copy-and-paste von Bildern**

Oder möchten Sie ein Bild von einer Webseite in die Zwischenablage kopieren? Halten Sie das Bild dazu gedrückt. Es öffnet sich ein Menü, in dem Sie *Kopieren* wählen. Wiederum entscheiden Sie sich in einer anderen App, etwa in der App *Notizen*, für die Option *Einsetzen*.

Mit *In „Fotos" sichern* können Sie ein Bild alternativ in der App *Fotos* speichern. Achten Sie beim Kopieren darauf, dass dem Bild kein Link mehr zugrunde liegt – ansonsten wird nur der Link kopiert, nicht das Bild selbst.

## Eins, zwei, drei ein Motiv freistellen

Drag-and-drop, das funktioniert nicht nur mit kompletten Bildern, sondern auch mit Motiven, die Sie in einem Bild freistellen.

Die folgende Anleitung beschreibt die Vorgehensweise Schritt für Schritt.

1 Öffnen Sie die App *Fotos* und wählen Sie das Bild mit dem freizustellenden Motiv aus.

2 Halten Sie das Motiv gedrückt, sodass es von einem Licht umrundet wird. Dies signalisiert die Freistellung.

3 Ziehen Sie das Motiv nun aus dem Bild heraus. Sie werden vielleicht bemerken, dass die Freistellung des Motivs nicht immer ganz perfekt gelingt.

4 Dann geht es weiter mit dem oben beschriebenen Drag-and-drop: Rufen Sie die App auf, in die Sie das freigestellte Motiv einfügen möchten. Hier wähle ich erneut ein Notizblatt in der App *Notizen*.

5 Ziehen Sie das freigestellte Motiv in das Notizblatt und lassen Sie es dort los – prompt wird es eingefügt.

Falls Ihnen Drag-and-drop zu fummelig sein sollte, wählen Sie nach dem Freistellen die Menüoption *Kopieren* und fügen das freigestellte Motiv andernorts mit *Einsetzen* ein.

## Nützliche Tastaturfunktionen erkunden

Die iPhone-Tastatur ist mini und es erfordert einige Übung, darauf flüssig zu tippen. Mit den folgenden nützlichen Tastaturfunktionen können Sie sich die tägliche Tipparbeit ein wenig erleichtern.

## Einhandtastatur aktivieren

Die Einhandtastatur kann Ihnen das Eintippen mit dem Daumen erleichtern. Zum Aktivieren der Einhandtastatur halten Sie auf der Tastatur das Smiley-Symbol bzw. bei mehreren eingerichteten Tastaturen das Weltkugel-Symbol gedrückt.

Mithilfe der eingeblendeten Tastatursymbole lässt sich die Tastatur nun auf die linke bzw. rechte Seite verlagern, je nachdem, ob die Texteingabe mit der linken oder rechten Hand erfolgen soll.

*Mithilfe von Symbolen lässt sich die Tastatur auf die linke oder die rechte Display-Seite verlagern, um das komfortable Tippen mit einem Finger zu ermöglichen.*

## Buchstabenvarianten aufrufen

Auf der iPhone-Tastatur werden nicht sämtliche verfügbaren Buchstabenvarianten eingeblendet. Um Varianten eines Buchstabens aufzurufen, halten Sie die entsprechende Buchstabentaste gedrückt. Halten Sie also beispielsweise die Taste *s* gedrückt, um ein *ß* auswählen zu können, oder halten Sie das *e* gedrückt, wenn Sie *é* eingeben möchten.

## Leichter zwischen Groß- und Kleinschreibung wechseln

Sie vermissen auf der iPhone-Tastatur eine Feststelltaste, um mehrere Großbuchstaben hintereinander einzugeben? Doppeltippen Sie zum Feststellen einfach auf die ⇧-Taste. Ein einfacher Tipp auf die ⇧-Taste löst die Feststellung wieder.

## Durch Textersetzung weniger Tipparbeit

Sehr praktisch, um sich einiges an Tipparbeit zu ersparen, ist die Textersetzung, die Sie in den iPhone-Einstellungen einrichten können. Zukünftig müssen Sie nur einen Kurzbefehl eintippen – dieser wird dann automatisch durch den zugrunde liegenden Text ersetzt. Um einen neuen Kurzbefehl einzurichten, gehen Sie so vor:

1 Öffnen Sie die *Einstellungen* und entscheiden Sie sich unter *Allgemein* für den Eintrag *Tastatur*.

2 Tippen Sie auf *Textersetzung*.

3 Sie erhalten eine Übersicht bereits angelegter Kurzbefehle. Um einen neuen Kurzbefehl zu erstellen, tippen Sie rechts oben auf das Plussymbol.

4 Geben Sie den Text sowie den Kurzbefehl ein. Als Kurzbefehl eignen sich beispielsweise die Anfangsbuchstaben der im Text vorkommenden Wörter bzw. Buchstaben innerhalb eines Wortes, die in dieser Zusammensetzung nicht als Anfang anderer Wörter dienen.

5 Bestätigen Sie das Ganze mit *Sichern*.

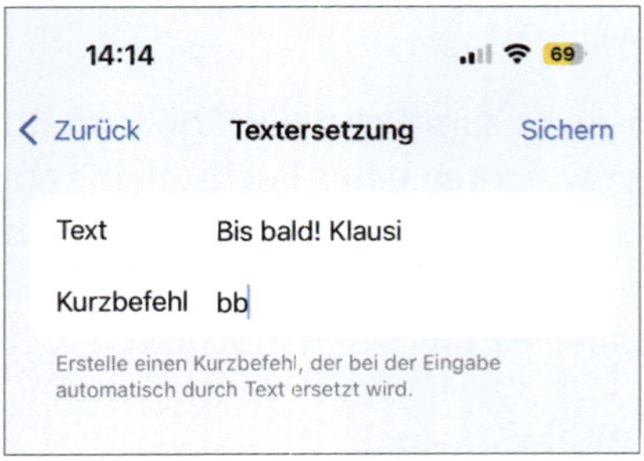


Das war es bereits. Wenn Sie nun den Kurzbefehl irgendwo eingeben und die *Leerzeichen*-Taste oder die *Return*-Taste drücken, wird der Kurzbefehl automatisch in den entsprechenden Text umgewandelt.

## Bequemer tippen mit einer Bluetooth-Tastatur

Da auf dem iPhone auch diverse Office-Apps laufen – beispielsweise die Textverarbeitungs-Apps *Pages* und *Word* –, lässt sich das Gerät auch zum Erstellen und Bearbeiten von Dokumenten einsetzen. Wenn da nur nicht die winzige Tastatur wäre. Abhilfe kann da eine Bluetooth-Tastatur schaffen, die drahtlos mit dem iPhone verbunden wird, und zwar folgendermaßen:

1. Achten Sie zunächst darauf, dass Bluetooth auf Ihrem iPhone aktiviert ist, und schalten Sie Ihre Bluetooth-Tastatur ein.

2. Aktivieren Sie außerdem die Bluetooth-Verbindung an der Tastatur. Das kann auf ganz unterschiedliche Weise geschehen, bei meiner Tastatur etwa durch das gleichzeitige Drücken der Tasten `fn`+`1`.

3. Ihr iPhone erkennt, dass ein Bluetooth-Gerät in der Umgebung zur Verfügung steht. Tippen Sie das erkannte Gerät in den *Einstellungen* unter *Bluetooth* an.

4. Nun wählen Sie *Koppeln*, um die Bluetooth-Verbindung herzustellen. Dies ist nur beim ersten Mal erforderlich, später wird die Tastatur automatisch erkannt.

Auf diese Weise lassen sich außer Bluetooth-Tastaturen noch weitere Geräte wie Bluetooth-Headsets, Bluetooth-Stereoanlagen oder Bluetooth-Freisprecheinrichtungen mit dem iPhone verbinden. Allerdings ist Bluetooth nur für einen relativ geringen Geräteabstand von ca. 10 m geeignet – und da sollte dann auch keine Mauer dazwischen sein.

# 3. Home-Bildschirm, Sperrbildschirm und Kontrollzentrum im Griff

Um den Home-Bildschirm Ihres iPhones individuell anzupassen, können Sie nun nicht mehr nur das Hintergrundbild ändern oder den Anzeigezoom verwenden. In iOS 18 werden zusätzliche Funktionen angeboten, mit denen sich erstmals auch die App-Symbole anpassen lassen. Und auch für den Sperrbildschirm und das Kontrollzentrum gibt es spannende neue Funktionen. Lernen Sie diese und bereits bewährte Funktionen rund um Home-Bildschirm, Sperrbildschirm und Kontrollzentrum in diesem Kapitel kennen.

## Den Home-Bildschirm nach Ihren Vorlieben anpassen

Auf dem Home-Bildschirm finden Sie die App-Symbole und Widgets. Falls Ihnen die Symbole und Texte allgemein zu klein sind, können Sie den bewährten Anzeigezoom aktivieren, und zwar in den *Einstellungen* unter *Anzeige & Helligkeit*. Durch die vergrößerte Darstellung steht dann allerdings logischerweise weniger Platz für Inhalte zur Verfügung. Die Einstellungen in iOS 18 bieten Ihnen weitere Anpassungsoptionen.

### App-Farbe und Größe der App-Symbole ändern

Möchten Sie die App-Symbole größer darstellen und dafür auf die App-Bezeichnung verzichten? Oder wollen Sie die App-Symbole nach Ihrem Geschmack einfärben? Dies ist die Anleitung dazu:

1 Halten Sie eine freie Fläche des Home-Bildschirms gedrückt, sodass alle Apps zu wackeln beginnen. Der Home-Bildschirm befindet sich nun im Bearbeitungsmodus.

2 Tippen Sie links oben auf die im Bearbeitungsmodus eingeblendete Schaltfläche *Bearbeiten*.

3 Wählen Sie im Menü den Eintrag *Anpassen*.

4 Wenn Sie die Option *Eingefärbt* wählen, können Sie die Farbe für die App-Symbole individuell bestimmen. Alle Symbole werden dann in der gleichen Farbe dargestellt. Per Pipettensymbol können Sie auch eine Farbe des Bildschirmhintergrunds auswählen.

5 Aktivieren Sie – unabhängig von der App-Färbung – die Option *Groß*, werden die App-Symbole vergrößert und dafür deren Bezeichnungen entfernt.

6 Mit dem Lichtsymbol links im Menü schließlich können Sie den Bildschirmhintergrund hell oder dunkel einstellen.

7 Haben Sie alle Ihre Anpassungen getätigt, tippen Sie einfach auf den Home-Bildschirm, um das Menü zu schließen.

## App-Symbol an beliebige Position ziehen

Sie können eine App auf dem Home-Bildschirm beliebig platzieren, also ohne direkte Nähe zu anderen App-Symbolen, wie das vor iOS 18 erforderlich war. Halten Sie dazu eine freie Fläche des Home-Bildschirms gedrückt, um diesen in den Bearbeitungszustand zu versetzen. Ziehen Sie eine App dann an die gewünschte Position.

## Komplette App-Seiten aus- und wieder einblenden

Eventuell haben Sie viele Seiten des Home-Bildschirms mit Apps ausgestattet, möchten nun aber lieber die App-Mediathek verwenden, um auf die auf dem iPhone installierten Apps zuzugreifen. Die App-Mediathek blenden Sie durch horizontales Streichen rechts neben dem Home-Bildschirm ein.

Statt einzelne Apps in die App-Mediathek zu bewegen, können Sie auch ganze Seiten des Home-Bildschirms ausblenden – die Apps auf den ausgeblendeten Seiten bleiben weiterhin in der App-Mediathek verfügbar. So funktioniert das Aus- und Einblenden von Seiten in iOS 18:

1. Halten Sie eine freie Fläche des Home-Bildschirms gedrückt, bis die Apps anfangen zu wackeln.
2. Tippen Sie links oben auf die Schaltfläche *Bearbeiten*.
3. Entscheiden Sie sich im Menü für *Seiten bearbeiten*.

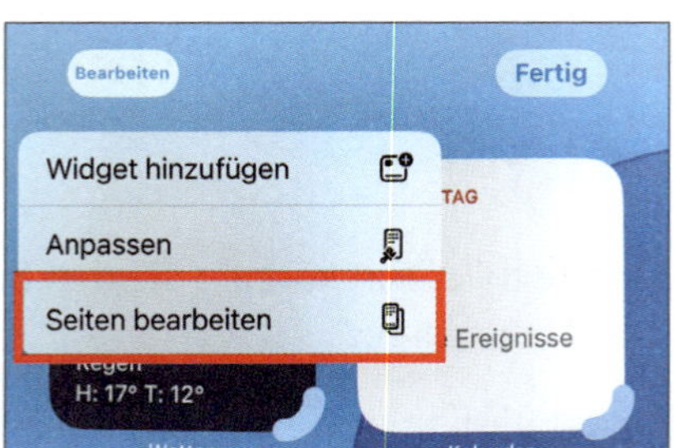

4 Sie erhalten dann eine Übersicht über die Seiten des Home-Bildschirms. Bei einer Seite, die Sie ausblenden möchten, entfernen Sie das zugehörige Häkchen. Zum Einblenden einer ausgeblendeten Seite setzen Sie ein Häkchen.

5 Bestätigen Sie mit *Fertig*.

## App-Infos in Widgets anzeigen

Widgets bieten einen schnellen Zugriff auf häufig benötigte Informationen oder App-Funktionen, etwa die aktuelle Wetterprognose. Erfahren Sie im Folgenden, wie Sie Widgets auf dem Home-Bildschirm hinzufügen.

### Widgets per Kontextmenü einblenden

Die folgende Anleitung zeigt Ihnen, wie Sie Widgets auf Ihrem Home-Bildschirm per Kontextmenü hinzufügen. Bedenken Sie hierbei jedoch, dass die Widgets einiges an Platz beanspruchen – schon das kleinste Widget benötigt so viel Platz wie vier App-Symbole.

1 Halten Sie eine App gedrückt, um deren Kontextmenü aufzurufen. Im Kontextmenü finden Sie App-spezifische Funktionen.

2 Steht für die App ein Widget zur Verfügung, können Sie dieses per Symbol auswählen. Das kleinste Widget nimmt, wie bereits erwähnt, den Platz von vier App-Symbolen in Anspruch, das mittlere den Platz von acht Symbolen und das große den Platz von 16 Symbolen. Mit dem Symbol links erhalten Sie wieder das App-Symbol.

3 Das Widget wird eingebaut. Wenn Sie es noch anpassen möchten, halten Sie eine freie Fläche des Home-Bildschirms gedrückt, um den Bearbeitungszustand zu wechseln.

4 Sie können das Widget nun an eine andere Position ziehen. Wenn Sie in die rechte untere Ecke tippen und diese gedrückt halten, lässt sich durch Ziehen die Größe des Widgets nachträglich anpassen.

Links neben dem Home-Bildschirm finden Sie eine extra Widget-Seite. Das Hinzufügen und Bearbeiten von Widgets erfolgt dort genauso wie auf dem Home-Bildschirm.

## Smart-Stapel einrichten

Neben den einfachen App-Widgets lassen sich auf dem iPhone auch sogenannte Smart-Stapel hinzufügen, die die Inhalte von mehreren Widgets bereitstellen. Die Auswahl erfolgt in den Smart-Stapeln durch vertikales Streichen.

Zum Hinzufügen eines Smart-Stapels halten Sie eine freie Fläche des Home-Bildschirms gedrückt und wählen links oben auf dem Display *Bearbeiten*. Im Menü entscheiden Sie sich dann für *Widget hinzufügen*.

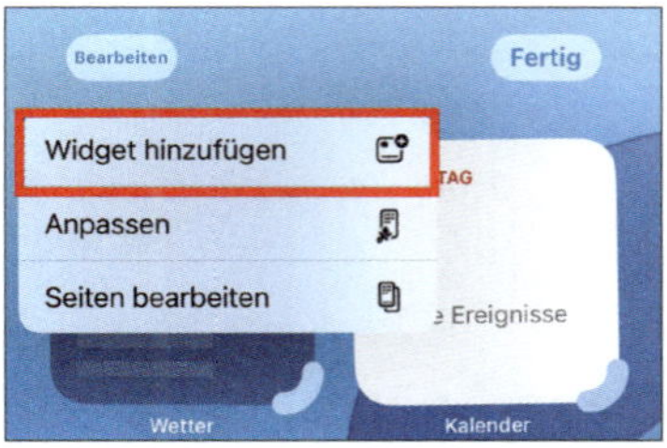


*Widgets lassen sich auch per Menü hinzufügen.*

Wählen Sie nun das Widget *Smart-Stapel* aus. Bestimmen Sie anschließend durch horizontales Streichen die gewünschte Größe des Smart-Stapels. Bestätigen Sie Ihre Auswahl mit *Widget hinzufügen*. Wie gehabt: Bringen Sie das Widget durch Ziehen mit dem Finger an die gewünschte Position.

*Ein Smart-Stapel enthält die Inhalte mehrerer Apps.*

Im Kontextmenü eines hinzugefügten Smart-Stapels finden Sie die Option *Stapel bearbeiten*. Sie können die Widgets in einem Smart-Stapel durch Ziehen umsortieren oder auch einzelne Widgets per Minussymbol entfernen.

*Bearbeiten Sie nachträglich die Inhalte des Smart-Stapels.*

## Neue Sperrbildschirme erstellen

Der Sperrbildschirm Ihres iPhones wird Ihnen unter anderem angezeigt, wenn Sie die Systemtaste drücken oder wenn Sie das iPhone anheben – sofern diese Option in den *Einstellungen* unter *Anzeige & Helligkeit* eingeschaltet ist.

### Neue Sperrbildschirme erstellen

Es gibt aber eigentlich nicht mehr den einen Sperrbildschirm, denn auf Ihrem iPhone lassen sich verschiedene Sperrbildschirme anlegen und mit diversen Widgets versehen sowie mit einem Fokus verknüpfen. So haben Sie mehr Informationen sofort im Blick, wenn Sie das iPhone-Display aktivieren.

Um einen neuen Sperrbildschirm zu erstellen, halten Sie eine freie Fläche des Sperrbildschirms gedrückt und wählen das Plussymbol. Wenn Sie mehrere Sperrbildschirme verwenden, erfolgt die Auswahl in diesem Modus durch horizontales Streichen. Verwenden Sie für mehrere Sperrbildschirme am besten verschiedene Hintergründe, um diese auf einen Blick voneinander unterscheiden zu können.

*Erstellen Sie so viele Sperrbildschirme mit unterschiedlichen Hintergründen und Widgets, wie Sie brauchen.*

### Und so entfernen Sie einen Sperrbildschirm wieder

Möchten Sie einen Sperrbildschirm löschen, halten Sie den aktuellen Sperrbildschirm gedrückt. Streichen Sie dann horizontal zum Sperrbildschirm, den Sie entfernen möchten. Schieben Sie diesen mit dem Finger nach oben und tippen Sie auf das so eingeblendete Papierkorbsymbol.

## Steuerelemente auf dem Sperrbildschirm austauschen

Die Sperrbildschirme lassen sich nachträglich anpassen. Die folgende Anleitung zeigt Ihnen, wie Sie die Steuerelemente austauschen, die unten auf dem Sperrbildschirm platziert sind.

1 Halten Sie den Sperrbildschirm gedrückt.

2 Tippen Sie bei dem Sperrbildschirm, den Sie bearbeiten möchten, auf die Schaltfläche *Anpassen*.

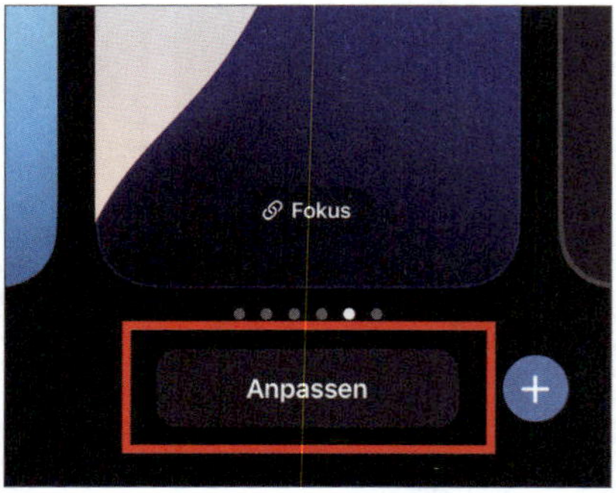


3 Entscheiden Sie sich anschließend für das Anpassen des Sperrbildschirms.

4 Tippen Sie bei einem Steuerelement auf das Minussymbol, um es zu entfernen.

5 Nun wird statt des Minuszeichens ein Plussymbol angezeigt. Tippen Sie es an.

6 Wählen Sie aus der Steuerelemente-Galerie ein Element aus, das Sie dem Sperrbildschirm hinzufügen möchten.

## Fokus erstellen und mit einem Sperrbildschirm verknüpfen

Sie können einen Fokus für unterschiedliche Situationen und Aktivitäten einrichten, um sich während dieser Aktivitäten nicht oder nur von ausgewählten Personen stören zu lassen. Ein Fokus lässt sich auch mit einem Sperrbildschirm verknüpfen, der dann bei dieser Aktivität angezeigt wird. So verknüpfen Sie einen Fokus:

1 Öffnen Sie auf Ihrem iPhone die *Einstellungen*.

2 Wählen Sie den Eintrag *Fokus*.

3 Nun können Sie einen der vorgeschlagenen Fokusse auswählen und konfigurieren. Um einen neuen Fokus zu erstellen, klicken Sie rechts oben auf das Plussymbol.

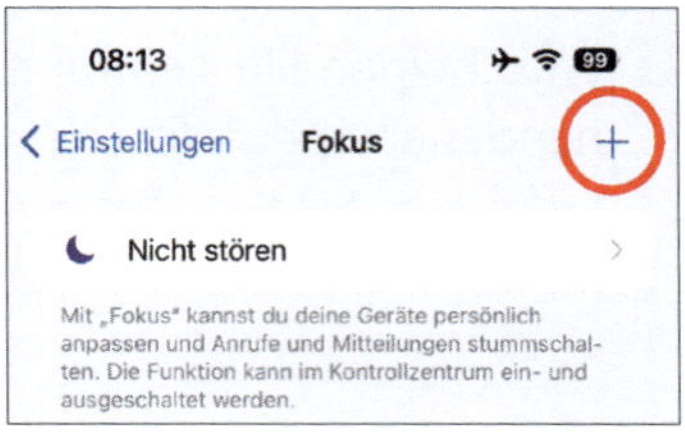

4 Wählen Sie einen Fokustyp aus und passen Sie den Fokus individuell an, etwa im Hinblick auf die *Fokusfilter*, mit denen Sie detailliert festlegen, welche Meldungen Sie während des aktivierten Fokus erhalten möchten und welche nicht.

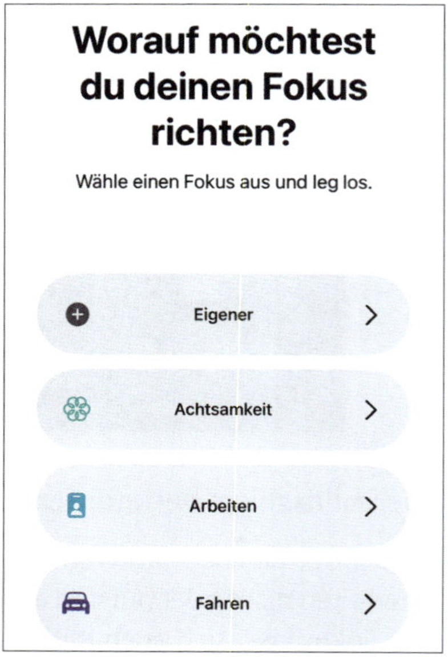

5 Um den Fokus nun mit einem Sperrbildschirm zu verknüpfen, tippen Sie im Abschnitt *Bildschirme anpassen* unterhalb des Sperrbildschirms auf *Wählen*.

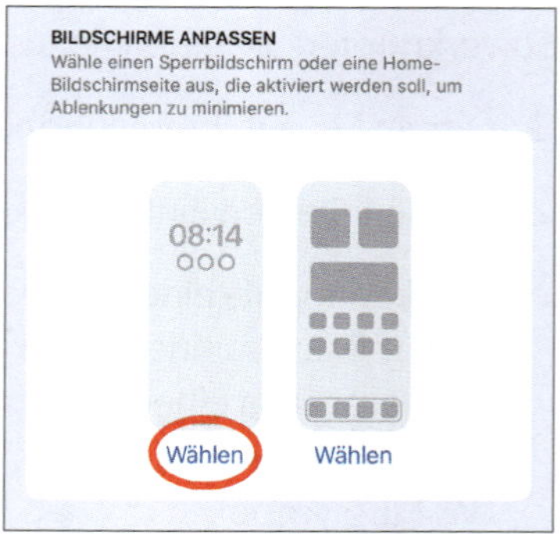


6 Entscheiden Sie sich für einen vorhandenen Sperrbildschirm, alternativ können Sie auch hier einen weiteren Sperrbildschirm anlegen.

Wenn Sie einen Fokus bereits angelegt haben, können Sie diesen auf eine alternative Weise mit einem Sperrbildschirm verknüpfen: Halten Sie den aktuellen Sperrbildschirm gedrückt und wählen Sie den gewünschten Sperrbildschirm durch horizontales Streichen aus; tippen Sie dann auf die zum ausgewählten Sperrbildschirm gehörende *Fokus*-Schaltfläche und wählen Sie den vorhandenen Fokus aus.

Ein Fokus kann bei einer bestimmten Aktivität automatisch aktiviert werden. Das manuelle Aktivieren erfolgt im Kontrollzentrum, das Sie von der rechten oberen Ecke des iPhone-Displays auf das Display ziehen, unter *Fokus*.

## So nutzen Sie den Stand-by-Bildschirm

Der Stand-by-Bildschirm ermöglicht es, Inhalte auf dem iPhone auch dann anzuzeigen, wenn dieses ausgeschaltet ist. Dazu muss es geladen und im Ladezustand seitlich aufgestellt werden. Die Option *Standby* ist standardmäßig bereits aktiviert. Die Einstellungen dazu prüfen Sie in den iPhone-Einstellungen unter dem Eintrag *Standby*. Es lassen sich hier auch einige Einstellungen anpassen, und zwar der Nachtmodus sowie das Mitteilungsverhalten auf dem Stand-by-Bildschirm.

*Der Stand-by-Bildschirm wird beim Aufstellen des iPhones im Ladezustand aktiviert.*

Der Stand-by-Bildschirm wird grundsätzlich automatisch aktiv, wenn Sie das iPhone im Ladezustand seitlich aufstellen. Allerdings bieten nur die Pro-Modelle ab der iPhone-14-Generation ein Always-on-Display, also die Option *Immer eingeschaltet*. Bei den anderen iPhones geht der Stand-by-Bildschirm nach ein paar Sekunden aus und muss dann erneut aktiviert werden.

Das Wechseln zwischen den auf dem Stand-by-Bildschirm verfügbaren Widgets erfolgt durch horizontales Streichen. Tippen Sie ein Widget an, lässt sich die App – nach dem Entsperren per Face ID – auf dem Display aufrufen.

Bei einem Smart Widget können Sie außerdem durch horizontales Streichen auf dem Widget zwischen den einzelnen Ansichten wechseln, beispielsweise zwischen Kalender, Wetter, Erinnerungen. Halten Sie ein Widget gedrückt, um es Ihren Wünschen entsprechend anzupassen.

# 4. Dank App-Mediathek, Suche und Ordnern alle Apps schnell finden

Nach der Inbetriebnahme eines neuen iPhones ist der Home-Bildschirm noch einigermaßen übersichtlich und besteht aus lediglich zwei Seiten mit Apps. Aber das kann sich im Lauf der Zeit rasch ändern, wenn Sie immer mehr Apps installieren. In diesem Kapitel erhalten Sie wichtige Tipps und Tricks, um selbst bei Hunderten auf dem iPhone installierter Apps den Überblick zu behalten.

## In der App-Mediathek auf Ihre Apps zugreifen

Dank der App-Mediathek müssen Sie Ihre Apps nicht mehr unbedingt auf dem Home-Bildschirm platzieren. Sie blenden die App-Mediathek rechts neben dem Home-Bildschirm – also den Seiten mit den App-Symbolen – ein.

*In der App-Mediathek finden Sie alle Apps, die auf Ihrem iPhone installiert sind.*

In der App-Mediathek sind die auf Ihrem iPhone befindlichen Apps (mehr oder weniger sinnvoll) automatisch sortiert, zudem können Sie Apps mithilfe des eingebauten Suchfelds durchsuchen oder per Register, das erscheint, wenn Sie die App-Mediathek nach unten streichen, zu einer App mit einem bestimmten Anfangsbuchstaben scrollen.

## Nur App-Mediathek oder auch Home-Bildschirm?

Um festzulegen, ob neue Apps nur in der App-Mediathek oder auch auf dem Home-Bildschirm abgelegt werden sollen, öffnen Sie die *Einstellungen*. Entscheiden Sie sich für den Eintrag *Home-Bildschirm & App-Mediathek* und wählen Sie zwischen den Optionen *Zum Home-Bildschirm* und *Nur App-Mediathek*. Sie können Apps auch später noch vom Home-Bildschirm entfernen bzw. aus der App-Mediathek auf den Home-Bildschirm legen.

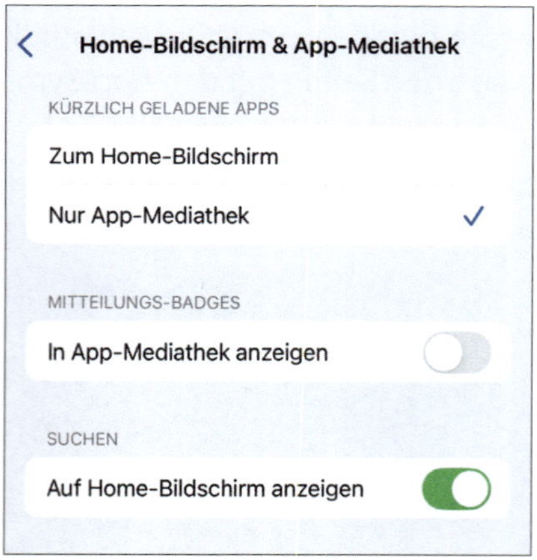


*Neue Apps nur in der App-Mediathek oder auch auf dem Home-Bildschirm? Entscheiden Sie selbst!*

## Apps in die App-Mediathek bewegen

Viele Apps, die Sie auf Ihrem iPhone installiert haben, werden Sie nur selten nutzen. Solche selten genutzten Apps können Sie entweder, wie ich es Ihnen gleich noch zeigen werde, in App-Ordnern ablegen. Oder Sie können sie auch komplett vom Home-Bildschirm entfernen und nur in der App-Mediathek speichern.

Um eine App vom Home-Bildschirm zu entfernen und dann nur noch in der App-Mediathek verfügbar zu haben, gehen Sie folgendermaßen vor:

1 Tippen Sie auf dem Home-Bildschirm auf die entsprechende App und halten Sie diese gedrückt.

2 Es wird ein Kontextmenü angezeigt. Entscheiden Sie sich für die Option *App entfernen*.

3 Nun wird Ihnen ein weiteres Menü angezeigt, in dem Sie sich für die Option *Vom Home-Bildschirm entfernen* entscheiden.

Möchten Sie die App hingegen komplett vom iPhone entfernen, wählen Sie im Menü aus Schritt 3 *App löschen*. Und wie löschen Sie eine App, die nur noch in der App-Mediathek gespeichert ist? Tippen Sie diese in der App-Mediathek an und halten Sie sie gedrückt. Wählen Sie dann im Kontextmenü *App löschen*.

**Und wenn sich eine App nicht löschen lässt?**

Ein paar Apps, etwa die Browser-App *Safari*, lassen sich nicht löschen, aber Sie können sie zumindest ausblenden. Dazu aktivieren Sie in den iPhone-Einstellungen unter *Bildschirmzeit* und dort unter *Beschränkungen* die Option *Beschränkungen*. Deaktivieren Sie sodann unter *Erlaubte Apps* diejenigen Apps, die nicht mehr auf dem iPhone zur Verfügung stehen sollen.

## Apps wieder auf dem Home-Bildschirm verfügbar machen

Natürlich können Sie eine App, die nur in der App-Mediathek zur Verfügung steht, auch auf dem Home-Bildschirm verfügbar machen. Tippen Sie die App dazu in der App-Mediathek an und halten Sie sie gedrückt. Im Kontextmenü entscheiden Sie sich für die Option *Zum Home-Bildschirm*.

*Eine App kann jederzeit wieder auf dem Home-Bildschirm verfügbar gemacht werden.*

Sie sehen: Die App-Mediathek bietet Ihnen eine gute Möglichkeit, den Home-Bildschirm übersichtlich zu halten und auf solche Apps zu beschränken, die Sie täglich oder zumindest häufig nutzen.

## Mit Spotlight nach Apps und Co. suchen

Sie können mit der eingebauten Spotlight-Funktion nach Apps und allem möglichen anderen suchen. Tippen Sie oberhalb des Docks auf *Suchen*, um das Suchfeld einzublenden.

Alternativ führen Sie hierzu auf dem Home- oder dem Sperrbildschirm eine Streichbewegung nach unten aus. Tippen Sie den Namen der App ein, die Sie benötigen. Bereits während des Eintippens werden Ihnen die passenden Treffer angezeigt. Das Öffnen einer angezeigten App erfolgt, indem Sie auf der Tastatur *Öffnen* wählen, oder aber durch Antippen eines Treffers.

*Durchforsten Sie Ihr iPhone mit Spotlight nach Apps sowie weiteren Inhalten.*

Mit Spotlight suchen Sie wie gesagt nicht nur nach Apps, sondern auch nach Kontakten, Songs, E-Mails und weiteren Inhalten. Sogar zusätzliche Vorschläge aus dem Internet werden Ihnen unterbreitet. Clever: Sogar Texte in Bildern werden erkannt und können mit Spotlight durchsucht werden. Bestimmen Sie selbst, wonach Sie suchen möchten, und zwar in den *Einstellungen* unter *Suchen*.

## App-Ordner erstellen

Auch die klassischen App-Ordner sind ein wertvolles Mittel, um auf dem Home-Bildschirm die Übersicht zu behalten. Apps, die Sie häufig verwenden, platzieren Sie prominent auf den ersten Seiten des Home-Bildschirms. Die allerwichtigsten Apps kommen unten ins Dock, damit Sie auf allen Seiten des Home-Bildschirms darauf zugreifen können.

Weniger häufig verwendete Apps sortieren Sie in verschiedene Ordner ein, die Sie thematisch benennen. Erstellen Sie also Ordner wie *Gesundheit*, *Office*, *Medien*, *Unterwegs*, *Sprachen* usw. So wissen Sie stets, wo Sie bestimmte Apps suchen müssen. Neue Ordner sind schnell erstellt:

1 Tippen Sie auf eine freie Fläche des Home-Bildschirms und halten Sie ihn kurz gedrückt, um in den Bearbeitungszustand zu wechseln. Im Bearbeitungszustand können Sie eine App an einen anderen Ort ziehen oder diese durch Antippen des zugehörigen Minussymbols löschen (bzw. in die App-Mediathek bewegen).

2 Um einen Ordner zu erstellen, tippen Sie auf eine App und ziehen diese auf eine thematisch ähnliche App.

3 Der Ordner wird angelegt und automatisch benannt. Den automatisch erzeugten Namen können Sie überschreiben, indem Sie in das Feld für die Bezeichnung tippen.

4 Um den Ordner zu verlassen, ohne den Bearbeitungszustand zu beenden, tippen Sie auf eine freie Fläche des Home-Bildschirms. Ziehen Sie anschließend weitere Apps auf den Ordner, um sie diesem hinzuzufügen.

5 Möchten Sie den Bearbeitungszustand beenden, tippen Sie rechts oben auf dem Home-Bildschirm auf *Fertig*.

Gut zu wissen: Sowohl auf dem Home-Bildschirm als auch innerhalb eines Ordners lassen sich neue Seiten anlegen, indem Sie eine App über den Rand hinausziehen.

## Den iPhone-Speicher stets unter Kontrolle

Der iPhone-Speicher ist buchstäblich kostbar, denn der Preis eines iPhones steigt mit der Speichergröße. Verhindern Sie deshalb, dass der iPhone-Speicher durch Speicherfresser belegt wird!

Um in Erfahrung zu bringen, welche Apps am meisten Speicher belegen (inklusive der in den Apps gespeicherten Inhalte), öffnen Sie die *Einstellungen*. Wählen Sie *Allgemein* und dann *iPhone-Speicher*. Der verbrauchte und noch zur Verfügung stehende Speicherplatz wird Ihnen nun grafisch angezeigt.

Unterhalb der grafischen Darstellung erhalten Sie Empfehlungen, wie Sie lokalen Speicher auf dem iPhone sparen können, indem Sie Elemente ins Internet auslagern.

Noch weiter unten unter *iPhone-Speicher* sehen Sie eine Übersicht über die einzelnen installierten Apps, sortiert nach deren Speicherbedarf – beginnend mit dem höchsten. Speicherintensive Apps, die Sie nicht unbedingt brauchen, können Sie direkt in der Liste antippen und löschen bzw. auslagern.

*Die Apps werden nach Speicherbedarf sortiert; sparen Sie Speicherplatz, indem Sie unbenutzte Apps auslagern.*

### Hakelige Apps in den Einstellungen löschen

Es kommt nicht oft vor, dass sich eine App nicht auf herkömmliche Weise auf dem Home-Bildschirm löschen lässt. Wenn doch, klappt das Löschen in der Regel unter *iPhone-Speicher*. Tippen Sie eine App dort an und wählen Sie anschließend *App löschen*, um das Problem zu lösen.

Wenn Sie wissen möchten, wie viele Apps Sie insgesamt installiert haben, wie viele Fotos und Videos Sie gespeichert haben oder wenn Sie wichtige iPhone-Nummern wie die Seriennummer, IMEI und Co. in Erfahrung bringen möchten: Diese Informationen finden Sie in den *Einstellungen* unter *Allgemein* und dort unter *Info*. Nebenbei erhalten Sie hier auch die Möglichkeit, den iPhone-Namen zu ändern.

## Apps beenden, die im Hintergrund laufen

Einige Apps laufen im Hintergrund auch dann weiter, wenn Sie eine andere App öffnen. Das ist beispielsweise bei Musik-Apps oder Navigations-Apps der Fall. Um eine im Hintergrund laufende App zu beenden, verwenden Sie den App-Umschalter.

Streichen Sie mit dem Finger vom unteren Rand des Home-Bildschirms nach oben und halten Sie dann in der Bewegung inne, um den App-Umschalter einzublenden. Sie erhalten eine Übersicht über die zuletzt verwendeten Apps. Um eine App zu beenden, streichen Sie diese nach oben aus dem Display heraus. Es lassen sich übrigens auch mehrere Apps gleichzeitig herausstreichen.

*Hier werden zwei Apps gleichzeitig nach oben aus dem App-Umschalter gestrichen.*

Einige Apps aktualisieren Inhalte im Hintergrund. Das kann zulasten der Akkulaufzeit gehen und lässt sich entweder komplett oder für einzelne Apps abstellen. Öffnen Sie dazu die *Einstellungen* und wählen Sie unter *Allgemein* den Eintrag *Hintergrundaktualisierung*. Sie erhalten eine Übersicht über diejenigen Apps, die von der Hintergrundaktualisierung Gebrauch machen, und können diese per Schalter unterbinden.

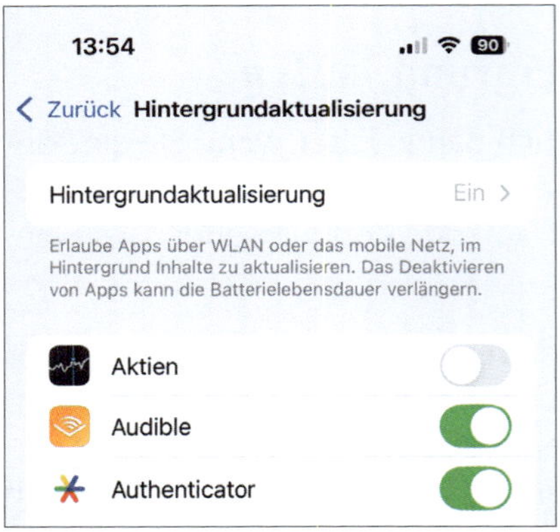


*Legen Sie per Schalter fest, welche Apps die Hintergrundaktualisierung nutzen dürfen.*

Die Konfiguration von Hintergrundaktualisierung und Co. lässt sich auch in den Einstellungen zur jeweiligen App vornehmen. Öffnen Sie die *Einstellungen* und streichen Sie nach unten zum Eintrag *Apps* und wählen Sie die entsprechende App aus. Es bietet sich an, bei einer App direkt nach der Installation einen Blick in die zugehörigen Einstellungen zu werfen.

## Sparsam mit dem Datenvolumen umgehen

Zu Hause sollten Sie mit dem iPhone grundsätzlich über ein WLAN ins Internet gehen. Zwar wurde das zuletzt bestehende Limit für den Download von Apps mit mehr als 200 MB im Mobilfunknetz gestrichen, und es wird standardmäßig nur noch ein Hinweis ausgegeben. Jedoch wird bei den meisten Mobilfunktarifen die Internetgeschwindigkeit nach dem Aufbrauchen eines bestimmten Datenvolumens stark gedrosselt, sodass Sie auf größere Downloads im Mobilfunknetz besser verzichten sollten.

Gerade bei geringem Datenvolumen ist es wichtig, sich einen Überblick darüber zu verschaffen, welche Apps ständig Daten mit dem Internet austauschen. Bei Apps, die eigentlich gar keine Internetverbindung benötigen sollten, deaktivieren Sie die mobilen Daten einfach.

Den Überblick über die mobile Datennutzung der von Ihnen installierten Apps und die Möglichkeit, den Apps per Schalter die Verwendung der mobilen Daten zu untersagen, finden Sie in den *Einstellungen* unter *Mobilfunk*. Streichen Sie dort nach unten zum Abschnitt *Mobile Daten*, um fündig zu werden.

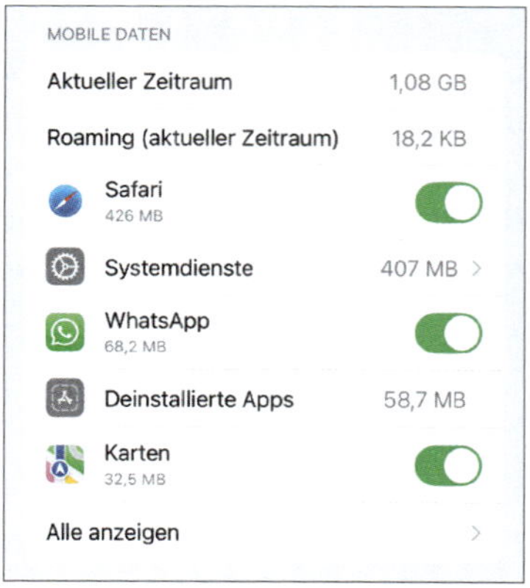


*Die mobilen Daten lassen sich für einzelne Apps deaktivieren, um unterwegs Datenvolumen zu sparen.*

Leider lassen sich die mobilen Daten nicht für die Systemdienste deaktivieren, die ebenfalls fleißig Daten austauschen. Eine Statistik erhalten Sie, wenn Sie im Abschnitt *Mobile Daten* auf *Systemdienste* tippen. Sie bekommen so zumindest Anhaltspunkte, auf welche Systemfunktionen Sie unterwegs lieber verzichten sollten.

## Den iPhone-Akku fest im Griff

Ein ebenfalls sehr wichtiges Element Ihres iPhones ist der Akku. Sie möchten, dass dieser mit einer Ladung möglichst lange durchhält. Besonders die Internetnutzung, das Betrachten von Videos sowie das Telefonieren saugen am Akku. Welche Apps in den letzten 24 Stunden oder in den letzten Tagen am meisten Strom verbraucht haben, erfahren Sie in den iPhone-Einstellungen unter *Batterie*. Außer der Batterienutzung pro App sehen Sie hier auch, wie lange Sie das iPhone in den letzten 24 Stunden oder zehn Tagen verwendet haben.

Bei einer Batterieladung unter 20 % wird Ihnen vom iPhone automatisch das Aktivieren des Stromsparmodus angeboten, der bestimmte Funktionen reduziert bzw. deaktiviert, namentlich das automatische Abrufen von E-Mails, die Hintergrundaktualisierung von Apps, automatische Downloads und visuelle Effekte.

Der Stromsparmodus lässt sich in den *Einstellungen* unter *Batterie* auch manuell aktivieren. Sie erkennen den aktivierten Stromsparmodus am gelben Batteriesymbol rechts oben auf dem Display. Übrigens lässt sich die Stromsparfunktion auch per Steuerelement im Kontrollzentrum aufrufen, wenn Sie das entsprechende Steuerelement hinzugefügt haben.

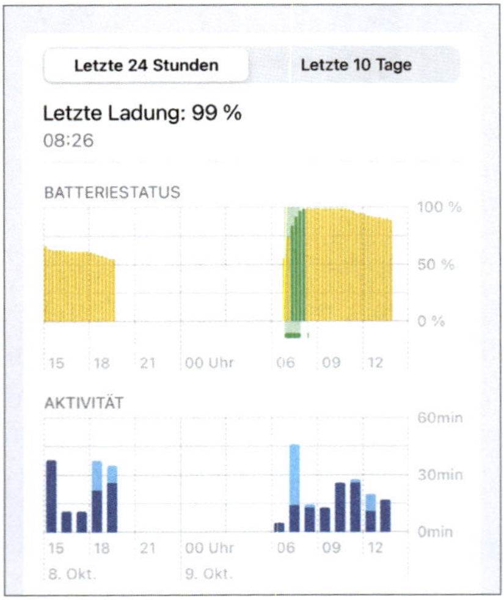


*Der iPhone-Akku hält lange durch, aber es gibt Optimierungsoptionen.*

Ein interessantes Feature zur Schonung des iPhone-Akkus ist das optimierte Laden. Wählen Sie unter *Batterie* den Eintrag *Laden* und aktiviere Sie die Option *Optimiertes Laden der Batterie*. Ist diese Option aktiviert, merkt sich das iPhone, wie Sie es normalerweise aufladen, und passt die Ladeaktivität entsprechend an. Sie können alternativ auch ein Ladelimit von minimal 80 % festlegen.

# 5. Wichtige Einstellungen für Datenschutz und Sicherheit

Einige Menschen gehen recht leichtsinnig mit ihren persönlichen Daten um. Die Daten werden im Internet für praktisch alle freigegeben, die sie haben möchten. Bei Facebook und Co. werden sogar persönlichste Daten veröffentlicht. Und das obwohl längst bekannt ist, dass Geheimdienste, Firmen und Co. diese Daten fleißig sammeln.

Auch das iPhone ist nicht ganz ohne, was das Thema Datenschutz betrifft. Es gibt eine Reihe von Funktionen, die im Hinblick auf den Datenschutz grenzwertig sind. Bei anderen Funktionen, beispielsweise iCloud, müssen Sie schlicht entscheiden, ob Sie dem Unternehmen Apple vertrauen, dass mit Ihren übers Internet versandten Daten wirklich sorgsam umgegangen wird. Lernen Sie in diesem Kapitel die für den Datenschutz relevanten Funktionen kennen und erfahren Sie, wie Sie die besten Einstellungen vornehmen.

## Apps mit der Face ID schützen

Einzelne Apps gegen unerwünschte Zugriffe schützen – das kennen Sie vielleicht schon von Banking-Apps und verschiedenen weiteren Apps. In iOS 18 können Sie nun jede beliebige App mit der Gesichtserkennung schützen, falls Sie auch andere Personen mit Ihrem iPhone hantieren lassen, aber bestimmte Daten für diese tabu sein sollen.

1 Halten Sie eine App, für die Sie die Face ID aktivieren möchten, gedrückt, um das Kontextmenü aufzurufen.

2 Wählen Sie im Kontextmenü den Eintrag *Face ID anfordern*.

3 Bestätigen Sie das Verwenden der Face ID noch mal mit *Face ID anfordern*.

4 Ihnen werden gegebenenfalls Apps angezeigt, die ohne Face ID auf die Inhalte der App zugreifen. Das würden Sie in den jeweiligen App-Einstellungen ändern. Bestätigen Sie mit *Fertig*.

Wenn Sie die App öffnen möchten, wird ab sofort, genau wie beim Entsperren des iPhones, die Face ID angefordert. Möchten Sie das Anfordern der Face ID wieder beenden, halten Sie die App erneut gedrückt und entscheiden sich im Kontextmenü für *Face ID nicht anfordern*.

## Kommunikationssicherheit und Warnung vor sensiblen Inhalten

Auf Ihrem iPhone stehen Ihnen zwei Funktionen zur Verfügung, die Sie vor dem Erhalten oder versehentlichen Senden von Nacktaufnahmen schützen sollen.

Die Funktion *Kommunikationssicherheit* soll dabei vor allen Dingen Kinder und Jugendliche davor bewahren, versehentlich Nacktfotos oder -videos zu empfangen oder gar zu senden.

Die *Warnung vor sensiblen Inhalten* richtet sich hingegen an alle iPhone-Nutzer und kann zum Beispiel Frauen davor schützen, ungewünschte Dickpics zu Gesicht zu bekommen. Nacktaufnahmen werden bei beiden Funktionen unscharf dargestellt, bis die Entscheidung getroffen wird, diese zu betrachten oder eben nicht.

Die Option *Kommunikationssicherheit* aktivieren Sie in den iPhone-Einstellungen unter *Bildschirmzeit* und dort unter dem Eintrag *Kommunikationssicherheit*. Die Option *Warnung vor sensiblen Inhalten* wird hingegen in den iPhone-Einstellungen unter *Datenschutz & Sicherheit* und dort unter dem Eintrag *Warnung vor sensiblen Inhalten* aktiviert und eingerichtet.

*Intime Aufnahmen nur, wenn gewollt – dafür sollen diese zwei Funktionen auf dem iPhone sorgen.*

## Im Notfall: Blockierungsmodus aktivieren

Im Fall von Cyber-Angriffen oder falls Sie das Gefühl haben, dass jemand Ihr iPhone ausspionieren möchte, hilft der *Blockierungsmodus*, diesem Treiben Einhalt zu gebieten. Dazu wird eine Reihe von Funktionen auf dem iPhone abgeschaltet.

Aktivieren Sie den *Blockierungsmodus*, werden unter anderem Nachrichtenanhänge blockiert, noch nicht angerufene Facebook-Kontakte nicht durchgelassen, geteilte Alben aus der App *Fotos* entfernt, eingehende Einladungen für Apple-Dienste blockiert, bestimmte Funktionen beim Surfen im Internet deaktiviert und noch mehr. Um sich in dieser Hinsicht nicht unnötig einzuschränken, aktivieren Sie den *Blockierungsmodus* also wirklich nur im Notfall. So gehen Sie vor:

1 Öffnen Sie die *Einstellungen*.

2 Wählen Sie den Eintrag *Datenschutz & Sicherheit*.

3 Scrollen Sie nun ganz nach unten und tippen Sie auf *Blockierungsmodus*.

4 Tippen Sie auf *Blockierungsmodus aktivieren* und bestätigen Sie die Aktivierung anschließend noch einmal.

# Sicherheitsprüfung und Notfall-Reset

Weitere etwas versteckte Sicherheitsfunktionen sind die Sicherheitsprüfung und der mögliche Notfall-Reset. Diese Funktionen sind für den Fall von Bedrohungen im persönlichen Umfeld gedacht, etwa bei häuslicher Gewalt oder Stalking. Mit wenigen Handgriffen können dank dieser Funktion erteilte Freigaben zurückgezogen werden. Die folgende Anleitung skizziert, wie Sie eine solche Sicherheitsprüfung durchführen:

1 Wählen Sie in den *Einstellungen* erneut den Eintrag *Datenschutz & Sicherheit*.

2 Tippen Sie auf *Sicherheitsprüfung*.

3 Entscheiden Sie sich für die Option *„Teilen & Zugriff" verwalten*.

4 Tippen Sie auf die Schaltfläche *Fortfahren*.

5 Wählen Sie nun eine oder mehrere Personen per Optionsfeld aus.

6 Entscheiden Sie sich anschließend für *Teilen überprüfen*.

7 Nun können Sie – erneut per Optionsfeld – eine oder mehrere geteilte Funktionen auswählen und *Nicht mehr teilen* wählen.

Noch einen Schritt weiter geht der *Notfall-Reset*, den Sie alternativ in Schritt 3 auswählen können. Entscheiden Sie sich für diese Option, wird nicht nur das Teilen mit allen Personen beendet, sondern es wird auch noch ein neues Passwort für den Apple Account angelegt, außerdem lassen sich Notfallkontakte hinzufügen bzw. entfernen.

## Ihre Passwörter komfortabel verwalten

Zum Thema Sicherheit gehören natürlich auch Ihre gespeicherten Passwörter und Passkeys. Für die Verwaltung Ihrer Zugangsdaten hat Apple in iOS 18 die App *Passwörter* eingeführt. Zuvor erfolgte die Passwortverwaltung in den *Einstellungen*. Sie finden die neue App auf der zweiten Seite des Home-Bildschirms und können sich dort alle Ihre Zugangsdaten ansehen, aber auch – per Plussymbol – neue Passwörter anlegen.

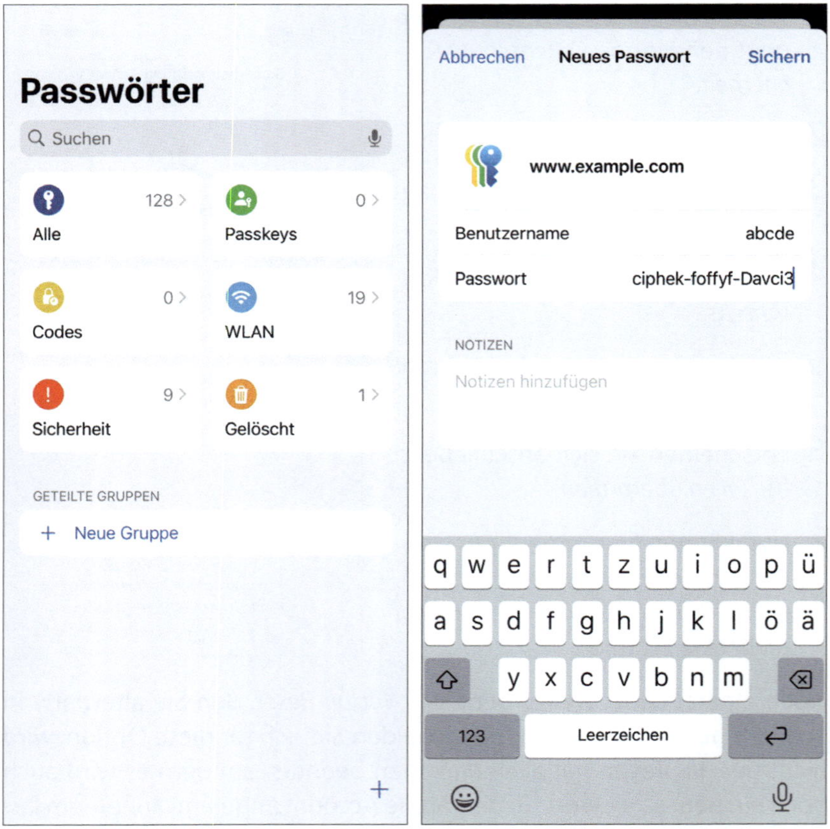


*In der Passwörter-App können Sie gespeicherte Zugangsdaten verwalten sowie neue Zugangsdaten anlegen.*

In der App finden Sie außerdem Hinweise, falls es bei einzelnen Passwörtern Sicherheitsprobleme gibt. Nicht zuletzt können Sie auch »geteilte Gruppen« erstellen, um Zugangsdaten mit anderen Personen zu teilen.

## Mit Apple anmelden

Der Dienst *Mit Apple anmelden* ermöglicht es, sich auf einfache Weise auf Webseiten und in Apps anzumelden, die den Dienst verwenden – und zwar auf Wunsch, ohne dabei Ihre E-Mail-Adresse bekanntzugeben. Apple generiert in diesem Fall eine zusätzliche E-Mail-Adresse für die Weiterleitung. Apple versichert in diesem Zusammenhang, Ihre Schritte nicht nachzuverfolgen und kein Profil von Ihnen zu erstellen.

Steht die Funktion in einer App oder auf einer Webseite zur Verfügung, entscheiden Sie sich für *Mit Apple anmelden*, *Weiter mit Apple* oder ähnliche Schaltflächen. Als Nächstes machen Sie im Assistenten Ihre Angaben. Im Zusammenhang mit dem Datenschutz empfehlenswert: Machen Sie von der Option Gebrauch, Ihre E-Mail-Adresse zu verbergen. Nur die Freigabe Ihres Namens ist erforderlich.

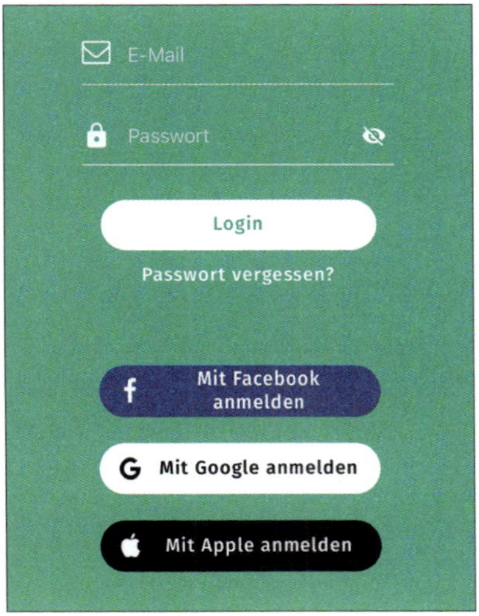


*Bei diesem Anbieter (BodyFast) können Sie sich mit Apple, Google, Facebook oder Ihrer E-Mail-Adresse anmelden.*

## Ihre E-Mail-Adresse verbergen

Ähnlich wie bei der gerade vorgestellten Funktion *Mit Apple anmelden* lässt sich die eigene E-Mail-Adresse für die Anmeldung bei verschiedenen Diensten durch eine zufällig generierte E-Mail-Adresse ersetzen, sodass diesen Diensten Ihre persönliche E-Mail-Adresse unbekannt bleibt. Voraussetzung hierfür ist allerdings, dass Sie ein kostenpflichtiges iCloud-Abo – iCloud+ genannt – abschließen, sonst bleibt die Funktion auf Anmeldungen mit Apple beschränkt.

Auch die Einstellungen für das Verbergen Ihrer E-Mail-Adresse sind etwas verborgen. Öffnen Sie die *Einstellungen*, tippen Sie oben auf Ihren Benutzernamen, wählen Sie *iCloud*, tippen Sie auf *Alle anzeigen*, scrollen Sie nach unten und finden Sie schließlich unter dem Eintrag *E-Mail-Adresse verbergen* die gesuchte Funktion.

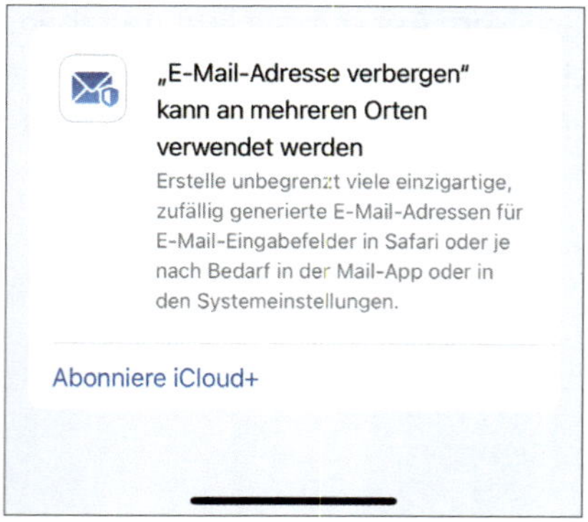


*Schließen Sie ein iCloud-Abo ab, erhalten Sie nicht nur mehr Cloud-Speicher, sondern können unter anderem Ihre E-Mail-Adresse verbergen.*

Etwas anderes ist der E-Mail-Datenschutz, der auf Ihrem iPhone standardmäßig bereits aktiviert ist und verhindert, dass bestimmte E-Mail-Aktivitäten verfolgt werden können. Zum Beispiel soll verhindert werden, dass ein Newsletter-Versender darüber informiert wird, wenn Sie den entsprechenden Newsletter aufrufen. Um sich zu versichern, dass der E-Mail-Datenschutz auch auf Ihrem iPhone aktiviert ist, wählen Sie in den *Einstellungen* unter *Apps* den Eintrag *Mail* und dann *Datenschutz*.

## Weitere wichtige Datenschutz-Einstellungen vornehmen

Wenn eine App, die Sie auf Ihrem iPhone installieren, auf eine sensible Funktion zugreifen möchte – etwa die Ortungsdienste, Ihre Kontakte, Ihre Fotos, das Mikrofon usw., – werden Sie zuvor in einem Hinweisfenster gefragt, ob Sie das gestatten. Seien Sie hierbei nicht zu vorschnell, sondern überlegen Sie sich genau, welcher App Sie den Zugriff erlauben möchten! Ist der App-Entwickler bekannt? Ist der Zugriff auf die Kontakte oder das Mikrofon für die Nutzung der App wirklich notwendig?

Was den Zugriff auf Ihren Standort betrifft: Sie haben die Möglichkeit, statt Ihres genauen Standorts nur einen ungefähren Standort für die App freizugeben. Im entsprechenden Hinweisfenster tippen Sie auf *Genau: Ein*, um die genaue Ortung auszuschalten.

*Lesen Sie sich, bevor Sie zustimmen, gut durch, auf welche Daten und Funktionen die App zugreifen möchte; die Ortungsdienste können Sie auf den ungefähren Standort beschränken.*

Wenn Sie einer App den Zugriff auf eine bestimmte Funktion erlauben, können Sie diese Erlaubnis später jederzeit widerrufen. Öffnen Sie dazu die *Einstellungen* und wählen Sie den Eintrag *Datenschutz & Sicherheit*.

Sie erhalten direkt einen Überblick über die einzelnen Funktionen. Unter iOS 18 sind dies:

- Ortungsdienste (zur Ermittlung Ihres Standorts)
- Tracking (zur Erfassung Ihrer Aktivitäten in Apps und auf Websites, besser deaktivieren!)

- Kalender
- Kontakte
- Dateien & Ordner
- Fokus
- Health
- HomeKit
- Medien & Apple Music
- Zugriff auf Passkeys für Webbrowser
- Fotos
- Erinnerungen
- Wallet
- Zubehör
- Bluetooth (für den drahtlosen Datenaustausch)
- Kamera

- Lokales Netzwerk (für den Zugriff von Apps auf das lokale Netzwerk, also Ihr WLAN)
- Mikrofon
- Bewegung & Fitness
- Interaktionen in der Nähe (für drahtlose Entfernungsmessung)
- Sensor- und Nutzungsdaten (nach Angaben von Apple »vertrauliche Forschungsdaten«, also besser deaktiviert lassen!)
- Spracherkennung

Tippen Sie eine Funktion an, um zu sehen, welche Apps darauf zugreifen. Per Schalter lässt sich eine Zugriffserlaubnis nachträglich rückgängig machen bzw. erteilen. Alternativ können Sie eine App auch einfach neu installieren, denn nach der Neuinstallation müssen die Zugriffseinstellungen für eine App neu festgelegt werden.

## Versteckte Schnüffelfunktionen abstellen

Auch direkt im System sind ein paar Funktionen enthalten, die Sie aus Gründen des Datenschutzes vielleicht lieber deaktivieren möchten. In erster Linie geht es dabei um Funktionen, die dazu dienen, Ihnen möglichst maßgeschneiderte Werbung zu präsentieren. Aber auch um den Versand sensibler Daten an die Apple-Server.

### Das Senden von Analysedaten unterbinden

Bei der Einrichtung des iPhones werden Sie kurz gefragt, ob Sie Analysedaten an Apple senden möchten oder nicht. Sofern Sie zugestimmt haben, sollten Sie sich überlegen, diese Funktion nachträglich zu deaktivieren. Sie hilft in erster Linie Apple, um technische Verbesserungen durchführen zu können. Für Sie als Nutzer ist sie eher heikel, da auch persönliche Daten unbemerkt übers Internet verschickt werden können.

Um das Senden von Analysedaten zu stoppen, öffnen Sie die *Einstellungen* und wählen die Option *Datenschutz & Sicherheit*. Relativ weit unten finden Sie den Eintrag *Analyse & Verbesserungen*, den Sie antippen. Deaktivieren Sie – sofern aktiviert – die Schalter *iPhone-Analyse teilen, iCloud-Analyse teilen* sowie *Siri & Diktat verbessern.*

*Auf das Senden von Analysedaten sollten Sie aus Gründen des Datenschutzes lieber verzichten.*

**Selbst auf Analysedaten zugreifen**

Die Analysedaten bleiben auch dann auf dem iPhone gespeichert, wenn Sie das Senden deaktivieren. Wenn Sie sich die Daten selbst mal ansehen wollen, tippen Sie unter *Analyse & Verbesserungen* auf *Analysedaten* und wählen anschließend einen der Einträge aus.

## Personalisierte Werbung abstellen

Auf Ihrem iPhone gibt es gleich mehrere versteckte Funktionen, mit deren Hilfe Ihnen passende Werbung untergejubelt werden soll. Die offensichtlichste dieser Funktionen nennt sich *Personalisierte Werbung.*

Die Funktion wird Ihnen wie ein Vorteil verkauft, aber auf Sie zugeschnittene Werbung ist doch ganz bestimmt kein Vorteil, sondern vielmehr ein Übergriff auf Ihre persönlichen Daten – für Apple hingegen ist die Werbung ein Riesengeschäft.

Um die personalisierte Werbung abzustellen, gehen Sie so vor:

1 Tippen Sie in den *Einstellungen* erneut auf *Datenschutz & Sicherheit*.

2 Streichen Sie mit dem Finger ganz nach unten und wählen Sie den Eintrag *Apple-Werbung*.

3 Deaktivieren Sie den Schalter *Personalisierte Werbung*.

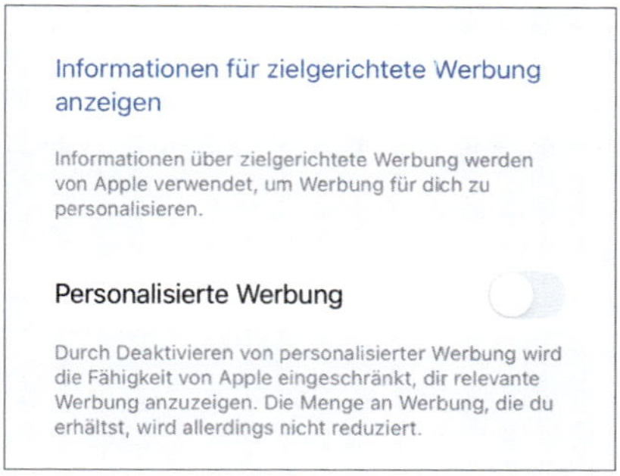


## Ortsabhängige Vorschläge und wichtige Orte deaktivieren

Verschiedene Systemdienste greifen ungefragt auf die Ortungsdienste Ihres iPhones zu, sprich: können jederzeit Ihren aktuellen Standort ermitteln. Dagegen ist nichts einzuwenden, wenn der Zugriff auf die Ortungsdienste beispielsweise zum Einstellen der iPhone-Uhr erfolgt. Aber bei einigen der Systemdienste ist der Zugriff auf Ihren Standort von Ihnen eher nicht gewünscht.

Öffnen Sie deshalb ein weiteres Mal die *Einstellungen* und gehen Sie auf *Datenschutz & Sicherheit*. Entscheiden Sie sich ganz oben für *Ortungsdienste*, streichen Sie ganz nach unten und tippen Sie dort auf den Eintrag *Systemdienste*. Ihnen wird eine ganze Reihe von Optionen präsentiert. Deaktivieren sollten Sie:

- *Apple Pay-Händler-ID:* Mit dieser Option werden Apple-Pay-Händler in der Nähe Ihres Standorts lokalisiert. Auch wenn Sie Apples Zahlungsdienst Apple Pay nutzen, ist dies nicht unbedingt notwendig.

- *Vorschläge & Suche:* Diese Option wird von Apple genutzt, um Ihnen zu Ihrem Standort passende Suchvorschläge und gegebenenfalls News anzubieten. Darauf können Sie aber zugunsten von mehr Datenschutz gut verzichten.
- *Wichtige Orte:* Bei aktivierter Option wird gespeichert, wo Sie sich besonders häufig aufhalten. Bevor Sie diese Option abschalten, tippen Sie auf *Verlauf löschen*, ansonsten bleiben die bereits gespeicherten Daten erhalten.
- *Produktverbesserungen:* In diesem Abschnitt deaktivieren Sie alle vorhandenen Optionen, da sie nicht Ihnen, sondern nur Apple dienen.

## Vorschläge und Tracking in der Browser-App Safari stoppen

Für die Browser-App *Safari* sind gesonderte Einstellungen notwendig, was Vorschläge und Tracking anbelangt. Öffnen Sie dazu die *Einstellungen*, tippen Sie dort auf *Apps* und wählen Sie den Eintrag *Safari*.

Deaktivieren Sie im Abschnitt *Suchen* die verschiedenen Vorschlagsoptionen sowie die Option *Toptreffer vorab laden* – auch bei diesen Optionen werden jeweils Daten an Apple gesandt.

Im Abschnitt *Datenschutz & Sicherheit* sollten die Optionen *Cross-Sitetracking verhindern, IP-Adresse verbergen* sowie *Betrugswarnung* aktiviert sein.

Ob Sie die Option *Face ID zum Entsperren von „Privates Surfen" anfordern* benötigen, können Sie sich selbst überlegen. Mit dieser neuen Funktion sollen geöffnete private Tabs vor dem Zugriff durch andere geschützt werden. So müssen Sie nicht die komplette Safari-App mit der Face ID schützen.

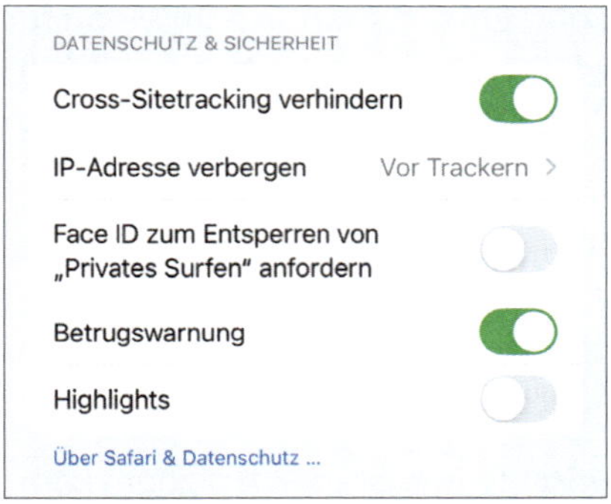


*Beim Suchen und Surfen im Internet werden eine Menge Daten übers Internet versandt – ein paar Einschränkungen können Sie aber festlegen.*

Die Option *Highlights* betrifft das in iOS 18 eingeführte Hervorheben von relevanten Informationen auf Webseiten. Dafür ist das Senden der von Ihnen besuchten Webadressen an Apple erforderlich. Falls Sie dies nicht wünschen, deaktivieren Sie die Option.

## Verfängliche Daten vor anderen iPhone-Nutzern verbergen

Und da gibt es noch weitere Daten, die nicht unbedingt übers Internet verschickt, aber auf dem iPhone gespeichert werden – und dadurch auch anderen Nutzern des iPhones zugänglich sind. In den meisten Fällen ist das kein Problem, da Sie sowieso ausschließlich vertrauenswürdigen Personen den Zugriff auf Ihr iPhone gewähren. Wie Sie außerdem bereits gelernt haben, können Sie die Inhalte einzelner Apps mit Ihrer Face ID schützen.

Aber von ein paar gespeicherten Daten wissen Sie vielleicht nichts. Die folgenden Hinweise werden Ihnen beim Löschen bestimmter Daten nützlich sein.

## Aufnahmen endgültig löschen – oder wiederherstellen

Um Aufnahmen, die Sie in der App *Fotos* gespeichert haben, »unsichtbar« zu machen, können Sie diese entweder ausblenden oder löschen. Zum Ausblenden wählen Sie eine oder mehrere Aufnahmen aus, tippen auf das Symbol mit den drei Punkten und entscheiden sich im Menü für *Ausblenden*. Zum Löschen der ausgewählten Aufnahmen tippen Sie hingegen auf das Papierkorbsymbol.

Die Aufnahmen sind dann aber nicht vollständig unsichtbar. Ausgeblendete Aufnahmen befinden sich im Album *Ausgeblendet* und gelöschte Aufnahmen sind noch einen Monat lang unter *Zuletzt gelöscht* vorhanden. Diese Speicherorte sind auf Ihrem iPhone standardmäßig gesperrt, d. h. nur per Face ID oder Code zugänglich.

Aber vielleicht möchten Sie zuletzt gelöschte Aufnahmen trotzdem komplett beseitigen? Oder versehentlich gelöschte Aufnahmen bei Bedarf wiederherstellen? Hierzu gehen Sie folgendermaßen vor:

1 Öffnen Sie die App *Fotos* und streichen Sie nach unten zum Speicherort *Zuletzt gelöscht*.

2 Entsperren Sie den Speicherort, in der Regel per Face ID.

3 Tippen Sie nun rechts oben auf *Auswählen*.

4 Sie finden unter dem Symbol mit den drei Punkten die Optionen zum Löschen und Wiederherstellen. Sie können auch einzelne Aufnahmen zum endgültigen Löschen bzw. Wiederherstellen auswählen.

## Damit niemand sieht, welche Webseiten Sie besucht haben

Auch die auf dem iPhone gespeicherten Websitedaten können heikel sein. Vielleicht haben Sie nach einem Geburtstagsgeschenk für Ihren Schatz gesucht – oder nach Scheidungsanwälten? Am besten verwenden Sie für solche Suchen den privaten Modus, damit von vornherein gar keine Websitedaten auf dem iPhone gespeichert werden.

Um den privaten Modus zu aktivieren, tippen Sie in der Browser-App *Safari* rechts unten auf die zwei ineinandergreifenden Quadrate. Anschließend streichen Sie unten horizontal zur Tabgruppe *Privat*. Um wieder normal zu surfen, wählen Sie unter dem Symbol mit den zwei ineinandergreifenden Quadraten einfach eine andere Tabgruppe aus.

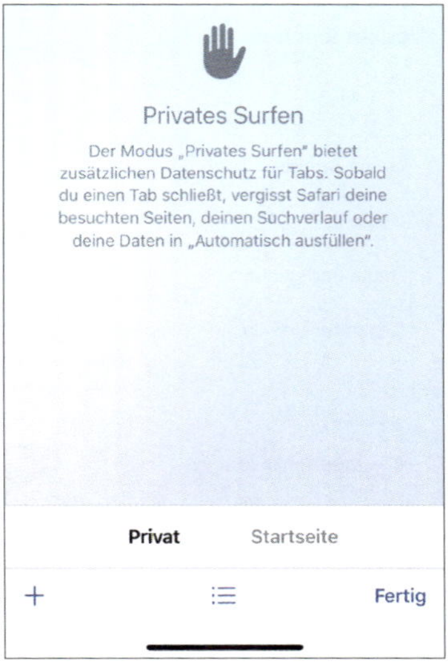


*Beim privaten Surfen werden keine Daten der besuchten Webseiten auf dem iPhone gespeichert.*

Durch Gedrückthalten des Symbols der App *Safari* auf dem Home-Bildschirm bzw. in der App-Mediathek lässt sich ein privater Tab auch per Kontextmenü aufrufen.

Wichtig: Unabhängig davon, ob Sie privat surfen oder nicht, werden Ihnen die in *Safari* geöffneten Tabs standardmäßig beim nächsten App-Start erneut präsentiert. Wenn Sie dies nicht wünschen, müssen Sie die Tabs schließen. Gehen Sie dazu rechts unten in *Safari* auf das Symbol mit den ineinandergreifenden Quadraten und tippen Sie im zu schließenden Tab auf das zugehörige Kreuzsymbol.

Um bereits gespeicherte Websitedaten zu löschen, öffnen Sie die *Einstellungen* und wählen unter *Apps* den Eintrag *Safari*. Streichen Sie nach unten und tippen Sie auf *Verlauf und Websitedaten löschen*. Sie können nun auswählen, ob Sie den gesamten Verlauf löschen möchten oder nur einen Teil davon.

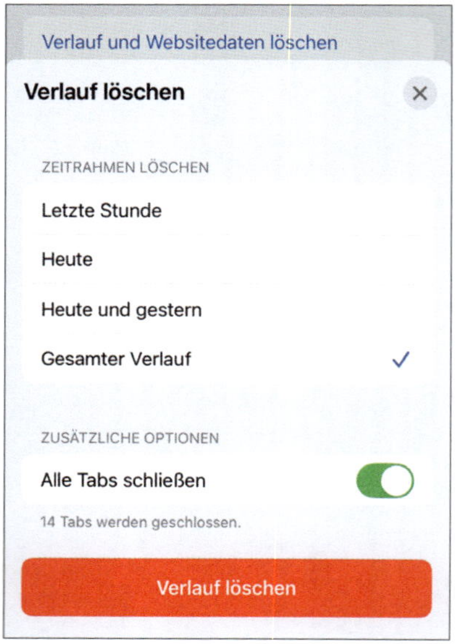


*Sollen alle Websitedaten gelöscht werden oder z. B. nur die der letzten Stunde? Sie haben die Wahl.*

## Adressen löschen, die Sie gesucht haben

Auch von den Adressen, die Sie in der App *Karten* gesucht haben, wird ein Verlauf gespeichert. Sie können Einträge daraus auf die aus anderen Apps gewohnte Weise löschen: Tippen Sie einen Eintrag im Verlauf an, ziehen Sie mit dem Finger von rechts nach links und tippen Sie auf die so eingeblendete Schaltfläche *Löschen*.

*Einträge im Suchverlauf der Karten-App lassen sich mit wenigen Handgriffen entfernen.*

## Zwischenablage überschreiben

Was Sie auf Ihrem iPhone in die Zwischenablage kopieren, bleibt dort, bis die Zwischenablage für einen anderen Inhalt benötigt wird. Wenn Sie auf Ihrem iPhone zum Beispiel eine Webadresse in die Zwischenablage kopieren, bleibt sie dort, auch nachdem Sie die Adresse andernorts eingefügt haben. Um einen verfänglichen Inhalt aus der Zwischenablage zu entfernen, kopieren Sie einfach etwas anderes hinein.

## Anrufer und weitere Daten entfernen

Auf Ihrem iPhone befindet sich eine Anrufliste, in der alle ein- und ausgehenden Telefonate verzeichnet werden. Öffnen Sie die App *Telefon* und tippen Sie unten auf *Anrufliste*, um sich die Liste anzusehen. Wählen Sie rechts oben *Bearbeiten* und ...

- ... tippen Sie bei einem einzelnen Eintrag auf das Minussymbol; bestätigen Sie mit *Löschen*, um ihn zu entfernen.
- Oder tippen Sie links oben auf *Löschen* und bestätigen Sie mit *Alle löschen*, um die Anrufliste vollständig zu bereinigen.

Übrigens finden Sie auch in der App *FaceTime*, die Sie für Audio- oder Videotelefonate übers Internet einsetzen, eine solche Liste.

Vielleicht möchten Sie auch einzelne Konversationen in der App *Nachrichten* oder in der App *Mail* löschen? Tippen Sie auch hier jeweils mit dem Finger auf einen Eintrag und ziehen Sie ihn nach links, um die Option zum Löschen zu erhalten.

Das iPhone speichert noch viele weitere Daten – bis hin zu Berechnungen, die Sie mit der App *Rechner* durchgeführt haben. Natürlich macht es keinen Sinn, alle Daten nach jedem Gebrauch zu löschen, aber es ist doch wichtig zu wissen, dass solche Daten vorhanden sind!

# 6. Die besten Tipps zu Kommunikation und Internet

Ja, Ihr iPhone ist ein leistungsstarker Mini-Computer, aber es ist auch ein Handy, mit dem Sie telefonieren können. Doch nicht nur das: Tauschen Sie damit – sogar handgeschriebene – Nachrichten sowie Mails aus, zeichnen Sie eine Videobotschaft auf, wenn Ihr FaceTime-Gesprächspartner nicht erreichbar ist, oder erstellen Sie mehrere Profile fürs Surfen im World Wide Web.

## Auch im Ausland mobil surfen und telefonieren

Wenn Sie im Ausland telefonieren oder ins Internet gehen, werden unter Umständen Roaminggebühren fällig, die es – abhängig vom jeweiligen Land – in sich haben können. Zumindest innerhalb der Europäischen Union gibt es diesbezüglich die gute Nachricht, dass seit dem Sommer 2017 Roaminggebühren innerhalb der Europäischen Union komplett entfallen, d. h., Sie können Ihren Handytarif EU-weit ohne zusätzliche Gebühren nutzen.

Für die Internetnutzung im Nicht-EU-Ausland kommt eine Auslandsflatrate infrage, wie sie inzwischen von vielen Mobilfunkanbietern angeboten wird, etwa als Tages- oder Wochentarif. Eine weitere praktische Option: Kaufen Sie für Ihre spezielle Reise eine eSIM, also eine digitale SIM-Karte.

Die eSIM können Sie zusätzlich zu Ihrer bereits vorhandenen SIM-Karte verwenden. Das läuft so, dass Sie die eSIM kaufen und dann über die Kamera-App einen QR-Code mit den erforderlichen Daten einscannen. Anschließend brauchen Sie nur noch festzulegen, welche SIM Sie für welchen Zweck verwenden möchten.

Auf Ihrem iPhone ist das Datenroaming standardmäßig deaktiviert. Um es zu aktivieren, entscheiden Sie sich in den *Einstellungen* für *Mobilfunk* und aktivieren unter *Datenoptionen* die Funktion *Datenroaming*. Alles Weitere wird durch Ihren Mobilfunkvertrag geregelt. Je nach Tarif kann es sich anbieten, zusätzlich den *Datensparmodus* zu aktivieren.

Ach ja: Falls Sie in den *Einstellungen* unter *Mobilfunk* und dort unter *Netzauswahl* einen bestimmten Netzbetreiber festgelegt haben, müssen Sie diese Einstellung für die iPhone-Nutzung im Ausland anpassen.

Die Alternative zur mobilen Datennutzung im Ausland ist die Verbindung mit einem WLAN. WLANs gibt es an Flughäfen, in Hotels, in bestimmten Fast-Food-Restaurants und an vielen weiteren Orten. Das Herstellen einer WLAN-Verbindung erfolgt auch im Ausland wie gewohnt in den *Einstellungen* unter *WLAN*.

## Ihr iPhone als WLAN-Hotspot einsetzen

Das iPhone kann selbst als Hotspot dienen. So kommen Sie mit Ihrem Notebook unterwegs ins Internet, ohne auf weitere Anbieter angewiesen zu sein.

1 Öffnen Sie die *Einstellungen* und tippen Sie auf *Persönlicher Hotspot*. Voraussetzung ist, dass Sie die mobilen Daten eingeschaltet haben.

2 Aktivieren Sie den Schalter *Zugriff für andere erlauben*. Ihnen wird ein automatisch generiertes WLAN-Passwort angezeigt, das Sie verwenden oder durch ein eigenes Passwort ersetzen können.

3 Wählen Sie das WLAN auf einem anderen Gerät aus und geben Sie das Passwort ein, um die Verbindung herzustellen.

Die Internetverbindung kann übrigens nicht nur in einem WLAN übertragen werden, sondern auch per Bluetooth oder über eine USB-Verbindung.

**Für die Verbindung mit dem Firmennetzwerk**

Mit Ihrem iPhone lässt sich auch eine Verbindung zu einem VPN – einem virtuellen privaten Netzwerk, etwa einem Firmennetzwerk – herstellen. Zu diesem Zweck wählen Sie in den *Einstellungen* den Eintrag *Allgemein* und tippen anschließend unten auf *VPN und Geräteverwaltung*. Entscheiden Sie sich für *VPN* und dann für *VPN-Konfiguration hinzufügen* und geben Sie die Zugangsdaten ein, die Sie vom Systemadministrator erhalten.

## Die Telefonfunktionen Ihres iPhones voll ausschöpfen

Das Telefonieren mit dem iPhone ist eine einfache Sache: Sie öffnen die App *Telefon* und wählen eine Nummer bzw. suchen einen Kontakt aus, um jemanden anzurufen. Während eines Telefonats können Sie auch noch weitere Anrufer zu einer Telefonkonferenz hinzufügen.

Wenn jemand Sie anruft, wird Ihnen dies durch einen Klingelton sowie durch einen Hinweis auf dem Display angezeigt, und Sie können den Anruf entweder annehmen oder ablehnen. Während eines Videotelefonats mit FaceTime können Sie dank Bild-in-Bild-Funktion auf andere Apps zugreifen und Ihren Gesprächspartner dabei trotzdem sehen.

Im Hinweisfenster finden Sie Buttons zum Annehmen und Ablehnen des Anrufs. Tippen Sie das Hinweisfenster an, werden Ihnen die weiteren Optionen *Nachricht* sowie *Voicemail* angezeigt, die Sie im folgenden Abschnitt kennenlernen.

### Anruf ablehnen – wenn gewünscht mit Erinnerung oder Nachricht

Zum Ablehnen eines Anrufs verwenden Sie den roten Button. Alternativ können Sie einen Anruf auch ablehnen, indem Sie zweimal die Seitentaste an Ihrem iPhone drücken.

Wenn Sie die Seitentaste lediglich einmal betätigen, wird das iPhone nur lautlos gestellt. Ihnen werden auch noch zwei weitere Möglichkeiten zum Ablehnen eines Anrufs angeboten:

- **Den Anruf ablehnen und gleichzeitig eine Nachricht senden:** Tippen Sie auf die Option *Nachricht* und wählen Sie eine der vorgegebenen Nachrichten aus, die an den Anrufer gesendet werden soll. Wenn Sie auf *Eigene* tippen, können Sie auch eine individuelle Nachricht verfassen. Falls Sie die vorgegebenen Nachrichten ändern möchten, öffnen Sie die *Einstellungen*, entscheiden sich für *Apps* und wählen unter *Telefon* den Eintrag *Mit Nachricht antworten*. Geben Sie die gewünschten eigenen Nachrichten ein. Wenn Sie diese löschen, werden wieder die ursprünglichen Nachrichten verwendet.
- **Den Anruf ablehnen und eine Voicemail erhalten:** Tippen Sie auf *Voicemail*, um den Anrufer auf die Voicemail weiterzuleiten und dank Live-Voicemail-Funktion eine Transkription der Voicemail-Nachricht zu erhalten. Auf die Voicemail wird ebenfalls in der Telefon-App zugegriffen.

## Anrufe weiterleiten, Anrufer sperren und Co.

Einige Telefonfunktionen hängen vom Netzbetreiber bzw. von Ihrem Mobilfunkvertrag ab. Öffnen Sie die *Einstellungen* und wählen Sie unter *Apps* den Eintrag *Telefon*. Diese Funktionen lassen sich gegebenenfalls aktivieren bzw. deaktivieren:

- *WLAN-Anrufe:* Diese Funktion ermöglicht es, *WLAN-Anrufe* zu führen, also mit anderen im WLAN befindlichen Apple-Geräten, etwa einem iPad oder einem Mac, via iPhone zu telefonieren.
- *Auf anderen Geräten:* Auf dem iPhone eingehende Anrufe können auch auf anderen Apple-Geräten empfangen werden, sofern sich diese im selben WLAN befinden. Welche Geräte Sie zum Empfangen von Anrufen verwenden möchten, bestimmen Sie unter dem Eintrag *Auf anderen Geräten*.

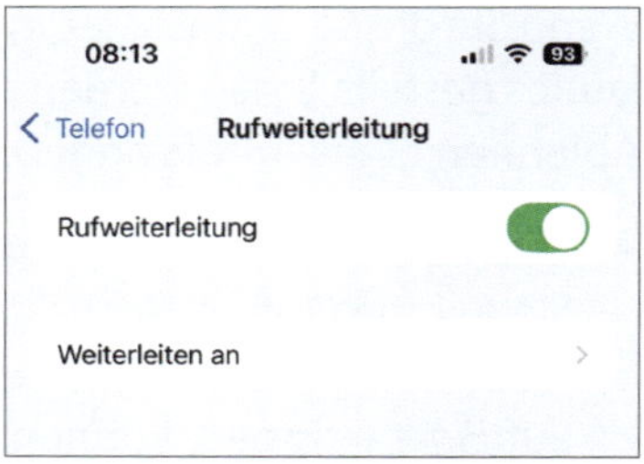


- *Rufweiterleitung:* Sollen eingehende Anrufe an eine andere Rufnummer weitergeleitet werden, tippen Sie in den *Einstellungen* unter *Telefon* auf *Rufweiterleitung*, aktivieren die gleichlautende Option und geben die gewünschte Rufnummer an. Klären Sie vorher mit Ihrem Mobilfunkanbieter die für die Rufweiterleitung anfallenden Kosten!
- *Anklopfen/Makeln:* Sofern Ihr Mobilfunkanbieter Anklopfen und Makeln unterstützt, aktivieren Sie diese Option unter *Anklopfen/Makeln*. Unter Anklopfen wird verstanden, dass sich ein Anrufer durch ein Signal bemerkbar machen kann, wenn Sie gerade mit einer anderen Person telefonieren. Beim Makeln lassen sich zwei Anrufe gleichzeitig annehmen, und Sie können zwischen den Anrufern hin- und herschalten.
- *Meine Anrufer-ID senden:* Normalerweise sieht die Person, mit der Sie telefonieren, Ihre Rufnummer auf dem Display. Falls Sie dies nicht wünschen, deaktivieren Sie unter *Meine Anrufer-ID senden* die Option *Anrufer-ID senden*.

**Unerwünschte Anrufer und Nachrichtenschreiber sperren**

Sie werden von einer Person telefonisch belästigt oder mit SMS bombardiert? Solche Personen können Sie sperren. In den *Einstellungen* unter *Apps/Telefon* und dort unter *Blockierte Kontakte* tippen Sie auf *Kontakt hinzufügen*, um den Kontakt auszuwählen – die Person kann Sie dann nicht mehr telefonisch (Mobilfunknetz, FaceTime) oder per Nachricht (SMS, iMessage) kontaktieren. Sie finden die Option *Anrufer blockieren* auch in den Infos zu einem Anruf oder einer Nachricht.

- *Unbekannte Anrufer stumm:* Mithilfe dieser Funktion lassen sich unbekannte Anrufer stummschalten. Um als bekannt zu gelten, muss eine Rufnummer entweder in Ihren Kontakten eingetragen sein, kürzlich von Ihnen gewählt worden sein oder aber in den Siri-Vorschlägen gespeichert sein.
- *SMS- und Anrufberichte:* Diese Option erlaubt es, unerwünschte Anrufe oder Nachrichten an Drittanbieter zu melden, sofern diese die Funktion bereithalten.

## Zeigen Sie sich Ihren Gesprächspartnern mit einem Kontaktposter

Erstellen Sie ein Kontaktposter und legen Sie damit fest, wie Sie auf den Geräten Ihrer Gesprächspartner angezeigt werden, wenn Sie mit diesen telefonieren. Voraussetzung hierfür ist allerdings, dass Ihre Gesprächspartner ebenfalls ein Apple-Gerät mit der neusten Software verwenden.

Um Ihr Kontaktposter einzurichten, öffnen Sie die App *Telefon* und wählen in der Rubrik *Kontakte* Ihren eigenen Namen aus. Tippen Sie dann auf den Eintrag *Kontaktfoto und Poster* und folgen Sie den Anweisungen auf dem Bildschirm.

*Erstellen Sie ein individuelles Kontaktposter, das auch Ihren Gesprächspartnern angezeigt wird.*

Kontaktposter lassen sich nicht nur für Sie selbst, sondern auch für Ihre Kontakte erstellen. Tippen Sie dazu in der App *Telefon* einen Kontakt an und wählen Sie *Bearbeiten*. Tippen Sie dann beim Bildplatzhalter auf *Foto hinzufügen* bzw. bei einem gegebenenfalls bereits vorhandenen Bild auf *Bearbeiten* und auf eine Option im Abschnitt *Poster auswählen*.

## Ihr iPhone soll in Grenznähe nicht den Netzbetreiber wechseln

Deutschland hat neun Nachbarländer, Österreich acht und die Schweiz fünf. Wenn Sie sich in Grenznähe aufhalten, kann es leicht passieren, dass Ihr iPhone automatisch zu einem ausländischen Netzbetreiber wechselt. Um das zu verhindern, öffnen Sie die *Einstellungen* und wählen den Eintrag *Mobilfunk*. Deaktivieren Sie anschließend unter *Netzauswahl* die Option *Automatisch* und warten Sie einen Moment, bis die verfügbaren Netzbetreiber angezeigt werden. Tippen Sie Ihren Netzbetreiber an, um diesen auszuwählen.

**Tastentöne und Sperrton abschalten**

Im Meeting, im Konzert oder nachts im Bett nutzen Sie den Stummschalter, um das iPhone lautlos zu stellen – dies betrifft auch das *Tastaturfeedback* und den *Ton beim Sperren*. Wenn Sie diese Töne generell abschalten möchten, tun Sie dies unten in den *Einstellungen* unter *Töne & Haptik*.

## Videobotschaften aufzeichnen

FaceTime-Telefonate können mit bis zu 32 FaceTime-Teilnehmern gleichzeitig geführt werden. FaceTime lässt sich dabei nicht nur zwischen Apple-Nutzern verwenden, sondern Sie können auch einen FaceTime-Link senden, der dann zum Beispiel auf einem Android-Smartphone geöffnet werden kann, um das FaceTime-Telefonat anzunehmen.

Tja, aber was, wenn ein Gesprächspartner den Anruf nicht annimmt? In einem solchen Fall lässt sich eine Videobotschaft aufzeichnen – also eine moderne Art, auf den »Anrufbeantworter« zu sprechen. Die Option wird Ihnen automatisch angeboten, wenn der Gesprächspartner nicht rangeht.

## Die besten Tipps zum Chatten mit iMessage

Versenden Sie mit dem iPhone gern Kurznachrichten, sprich: Chatten Sie gern? Mit iMessage macht das richtig Spaß. Wählen Sie einen Kontakt, der ebenfalls über iMessage verfügt, erkennt die App *Nachrichten* das automatisch, färbt den Empfänger blau und bietet die verschiedenen iMessage-Optionen an.

### Nachricht später senden

Neu in iOS 18 ist, dass Sie eine iMessage zu einem beliebigen Zeitpunkt später senden. Theoretisch könnten Sie also schon alle Geburtstagsgrüße fürs nächste Jahr vorbereiten. So gehen Sie zum späteren Senden vor:

1 Erstellen Sie ganz normal Ihre Nachricht und tippen Sie dann links neben dem Eingabefeld auf das Plussymbol.

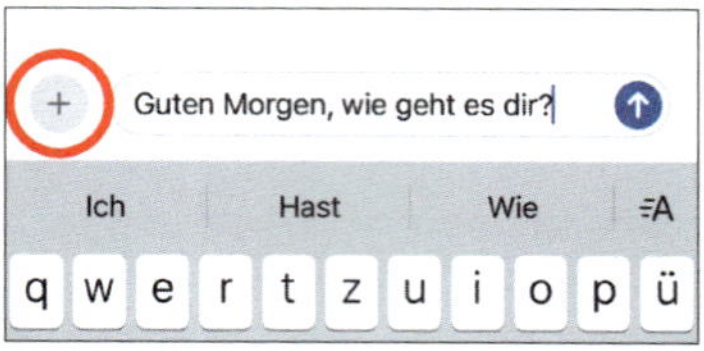


2 Entscheiden Sie sich im Menü für den Eintrag *Später senden*.

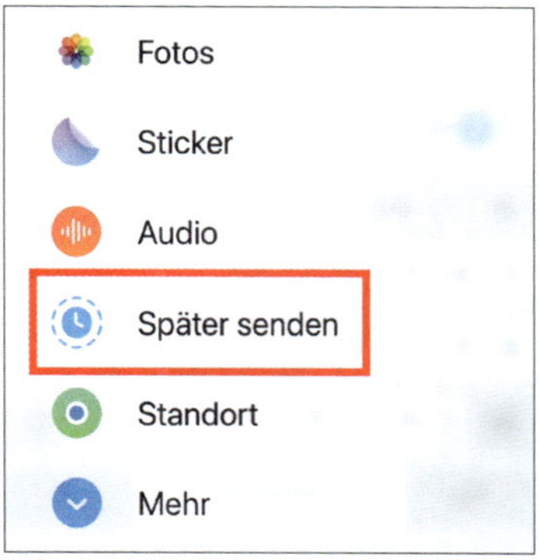

**3** Bestimmen Sie Datum und Uhrzeit und schicken Sie die Nachricht ab.

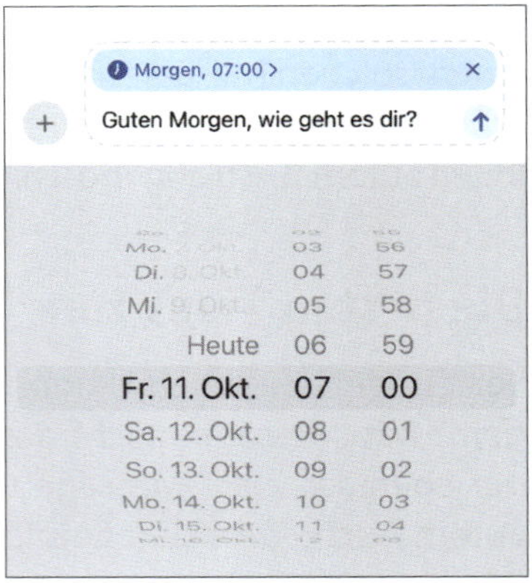


Die Nachricht wird erst zum gewählten Zeitpunkt versendet. Bis dahin wird sie im Chat mit einem gestrichelten Rahmen dargestellt und kann jederzeit noch bearbeitet werden. Auch das Sendedatum lässt sich selbstverständlich noch ändern.

## Versendete Nachrichten zurückholen

Haben Sie eine Nachricht versehentlich an die falsche Person gerichtet? Sie haben die Möglichkeit, das Senden einer Nachricht innerhalb von zwei Minuten rückgängig zu machen.

Tippen Sie dazu in der App *Nachrichten* auf die Sprechblase der betreffenden Nachricht und halten Sie diese gedrückt. Im so aufgerufenen Menü wählen Sie die Option *Senden widerrufen*.

*Holen Sie eine versendete Nachricht innerhalb von bis zu zwei Minuten zurück.*

Auch das nachträgliche Bearbeiten versendeter Nachrichten ist möglich, und zwar innerhalb von bis zu 15 Minuten nach dem Senden. Die Bearbeitungen können allerdings vom Empfänger eingeblendet werden. Zum Bearbeiten halten Sie die Sprechblase der betreffenden Nachricht gedrückt und entscheiden sich im Menü für den Eintrag *Bearbeiten*. Nehmen Sie die gewünschten Änderungen vor und bestätigen Sie mit dem Häkchensymbol.

## Wichtige Konversationen anpinnen

Wenn Sie in der App *Nachrichten* die Liste mit den Konversationen nach unten ziehen, erscheint ein Suchfeld, mit dem Sie auch bei vielen Konversationen die gesuchte schnell ausfindig machen. Besonders wichtige Konversationen lassen sich aber auch oben anpinnen, um sie sofort verfügbar zu haben. Hierzu halten Sie eine Konversation gedrückt und wählen im Kontextmenü den Eintrag *Anpinnen*.

Soll eine Konversation nicht mehr oben angepinnt werden? Dann tippen Sie sie an, halten sie gedrückt und wählen im Kontextmenü den Eintrag *Loslösen*.

## Handschriftliche Nachrichten versenden

Sie können per iMessage nicht nur eingetippte Nachrichten versenden, sondern auch handschriftliche Nachrichten, die Sie aufs iPhone-Display schreiben.

Geben Sie dazu in der App *Nachrichten* zunächst den oder die iMessage-Empfänger an und tippen Sie dann ins Eingabefeld. Drehen Sie das iPhone anschließend ins Querformat und wählen Sie auf der Tastatur die Handschrifttaste rechts unten. Schreiben Sie mit dem Finger Ihre Nachricht auf das Display oder übernehmen Sie eine der bereits verfügbaren Nachrichten. Bestätigen Sie zum Schluss mit *Fertig*, um die handschriftliche Nachricht versenden zu können.

Beachten Sie: Bis zu 24 handschriftliche Nachrichten bleiben in einem Verlauf gespeichert. Um einen Eintrag aus dem Verlauf zu entfernen, halten Sie ihn in der Querformat-Ansicht gedrückt, bis die handschriftlichen Nachrichten zu wackeln beginnen. Nun können Sie einzelne handschriftliche Nachrichten aus dem Verlauf löschen.

*Verleihen Sie Ihren iMessages durch Ihre Handschrift eine persönlichere Note.*

## Nachrichtentext einscannen

Möchten Sie einen Text mit der Kamera einscannen und direkt in einer Nachricht versenden? Dazu tippen Sie in das leere Nachrichtenfeld, wählen *Automatisch ausfüllen* und danach *Text scannen*. Weisen Sie anschließend mit der iPhone-Kamera auf den Text, den Sie in die Nachricht übernehmen möchten.

*Scannen Sie den Nachrichtentext mit der iPhone-Kamera ein, etwa einen flotten Spruch auf einer Postkarte.*

## Nachrichten mit Texteffekt versenden

Die mit iMessage versendeten Texte lassen sich in iOS 18 auf einfache Weise animieren. So wählen Sie Texteffekte für Ihre Nachrichten aus:

1 Verfassen Sie ganz normal Ihre iMessage und tippen Sie dann unterhalb des Eingabefeldes auf das Effektsymbol, ein mit Strichen versehenes A.

2 Der Nachrichtentext wird automatisch markiert, und Ihnen werden verschiedene Texteffekte zur Auswahl angeboten. Entscheiden Sie sich für einen Effekt, der Ihnen zusagt.

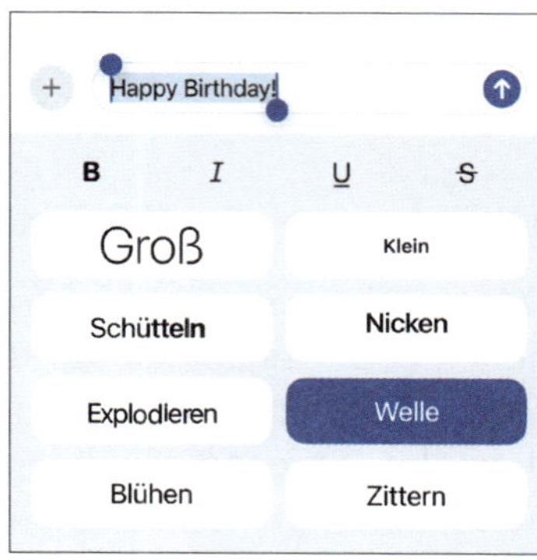


3 Der Texteffekt wird jeweils beim Öffnen der Nachricht angezeigt.

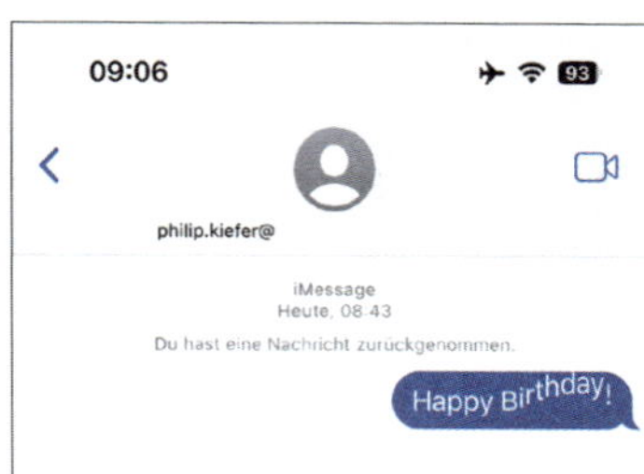


Übrigens: Statt in Schritt 1 das Effektsymbol zu wählen und damit den gesamten Text zu markieren, können Sie auch bestimmten Text markieren und dann im gewohnten Textmenü die Option *Texteffekte* auswählen.

## Mit Tapbacks auf Nachrichten reagieren

Erhaltene iMessages lassen sich auf die Schnelle mit einem Tapback kommentieren. Die Möglichkeiten hierfür wurden in iOS 18 erweitert. So können Sie eine Nachricht nun mit einem beliebigen Emoji oder Sticker versehen. Zur Auswahl eines individuellen Stickers halten Sie die Nachricht gedrückt und wählen *Sticker hinzufügen*. Legen Sie anschließend ein passendes Emoji bzw. einen passenden Sticker fest.

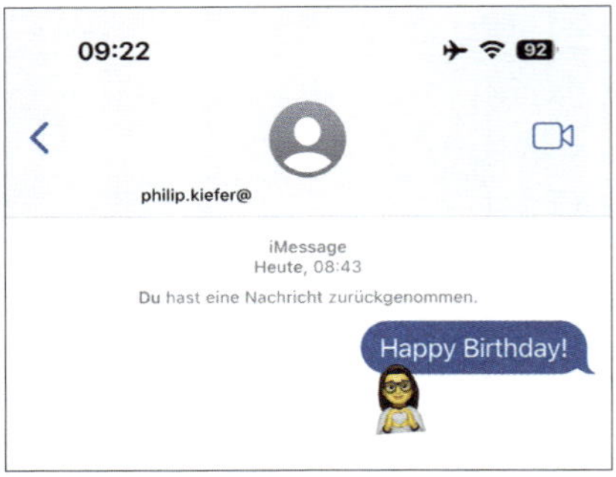


*Hier wurde mit einem Sticker auf eine Nachricht reagiert.*

## Mit iMessage eine Audionachricht übermitteln

Oder möchten Sie eine Audionachricht übermitteln? Dazu tippen Sie links neben dem Eingabefeld für die iMessage auf das Plussymbol und entscheiden sich im Menü für den Eintrag *Audio*. Die Aufzeichnung beginnt daraufhin. Sprechen Sie Ihre Audionachricht ein und beenden Sie die Aufzeichnung. Anschließend erscheint der Button zum Senden an den iMessage-Empfänger.

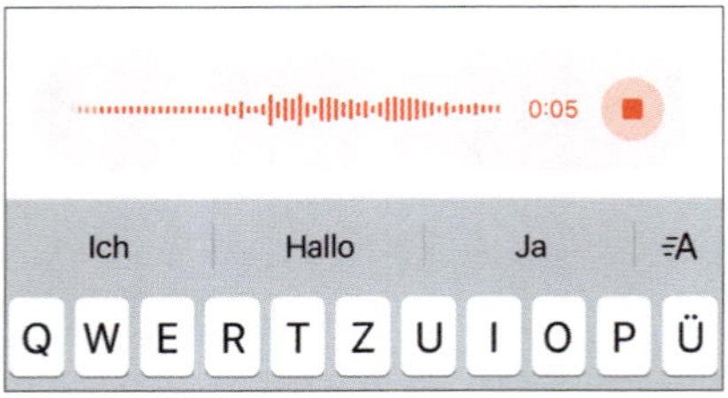


*Sprechen Sie Ihre Audionachricht ein und senden Sie diese an den gewählten Empfänger.*

Audionachrichten werden automatisch transkribiert, sodass diese vom Empfänger nicht unbedingt abgehört werden müssen, sondern auch gelesen werden können.

**Beim Versand von teuren SMS: Lassen Sie sich die Zeichenanzahl anzeigen**

Falls Sie Ihre Nachrichten nicht mit iMessage übers Internet versenden, sondern per SMS, sollten Sie sich – es sei denn, Sie verfügen über eine SMS-Flatrate – die Zeichenanzahl Ihrer SMS anzeigen lassen. SMS sind nämlich auf 160 Zeichen beschränkt. Bei mehr Zeichen werden einfach mehrere SMS verschickt.

Öffnen Sie die *Einstellungen* und wählen Sie unter *Apps* den Eintrag *Nachrichten*. Aktivieren Sie dort die Option *Zeichenanzahl*. Sie sehen nun beim Verfassen einer Nachricht ab der zweiten Zeile, wie viele Zeichen Sie bereits eingegeben haben.

## Das iPhone soll nicht ständig bimmeln

Hinweistöne sind ja durchaus nützlich. Wenn Sie die App *Nachrichten* zum Chatten verwenden, können diese allerdings auch schnell nervig werden.

Praktisch: Die Hinweistöne lassen sich für einzelne Konversationen abschalten. Öffnen Sie dazu eine Konversation und tippen Sie oben auf das Symbol des Kontaktes. Aktivieren Sie die Option *Hinweise ausblenden*. Bei einem Gruppenchat finden Sie zudem die Option *Konversation verlassen* – falls Sie an einem Chat gar nicht mehr teilnehmen möchten.

## Optionen für den Gruppen-Chat

Für Gruppen-Chats werden Ihnen noch weitere Funktionen angeboten. Um einen Gruppen-Chat zu starten, tragen Sie in der App *Nachrichten* einfach mehrere Personen ins Adressfeld ein.

Um ein Bild für den Gruppen-Chat hinzuzufügen, wählen Sie die Konversation aus und tippen oben auf die Personen. Entscheiden Sie sich nun für *Namen und Foto ändern*, um Ihre Anpassungen vorzunehmen und mit *Fertig* zu bestätigen.

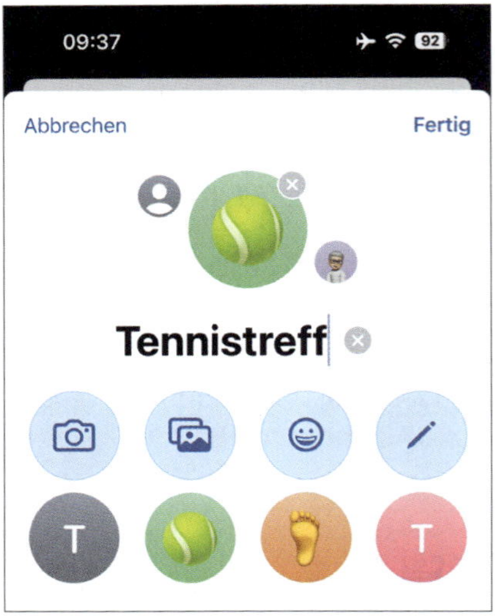


*Geben Sie dem Gruppen-Chat eine sinnvolle Bezeichnung und verwenden Sie ein passendes Gruppenbild.*

## E-Mails noch besser senden und empfangen

Die App *Mail* dient auf Ihrem iPhone dem Senden und Empfangen von E-Mails. Das Einrichten eines E-Mail-Kontos erfolgt in den *Einstellungen* unter *Apps* und dort unter *Mail/Mail-Accounts*.

Empfehlenswert kann aber auch das Aktivieren von iCloud-Mail sein; dazu wählen Sie in den *Einstellungen* Ihren Account und dann *iCloud*. Auf das iCloud-E-Mail-Konto kann natürlich auch von einem anderen E-Mail-Account weitergeleitet werden.

## E-Mails später senden

Liegen Sie manchmal nachts wach und verfassen wichtige E-Mails? Statt diese zu nachtschlafender Zeit zu versenden, können Sie den Sendezeitpunkt festlegen. Dazu verfassen Sie die E-Mail wie gewohnt. Halten Sie anschließend das Senden-Symbol gedrückt und wählen Sie im Kontextmenü die Option *Später senden*. Nun können Sie Datum und Uhrzeit festlegen, zu der die E-Mail versandt werden soll.

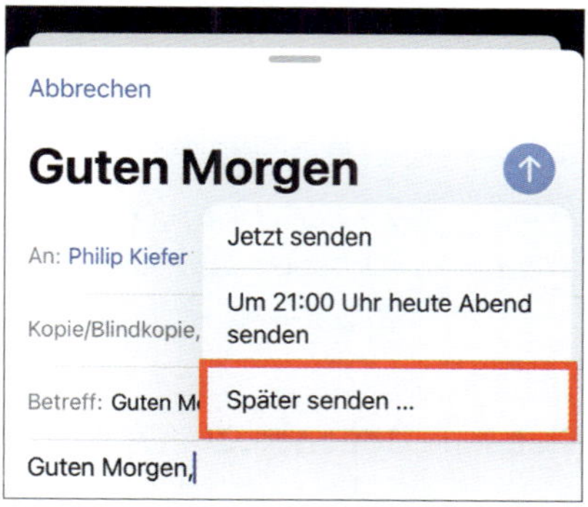


*Legen Sie fest, wann die verfasste E-Mail verschickt werden soll.*

## E-Mail-Versand widerrufen

Ebenfalls möglich: das Widerrufen des E-Mail-Versands. Dazu müssen Sie allerdings schnell sein. Standardmäßig haben Sie dafür nur 10 Sekunden Zeit. Sie können aber auch einen Zeitraum von bis zu 30 Sekunden dafür konfigurieren.

Um einen E-Mail-Versand zu widerrufen, tippen Sie nach dem Versenden auf die entsprechende Option unten in der App *Mail*. Die E-Mail wird dadurch in den Ordner *Entwürfe* verschoben und kann dort bearbeitet und neu verschickt werden.

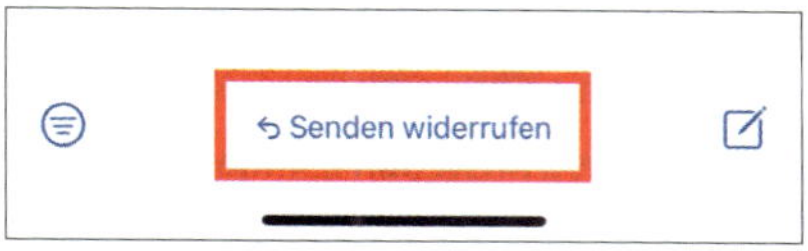


*Ob und wie lange sich das Versenden einer E-Mail widerrufen lässt, richten Sie selbst ein.*

Aber eventuell bevorzugen Sie einen E-Mail-Versand ohne Verzögerung? Dann entscheiden Sie sich in den *Einstellungen* unter *Apps/Mail* und dort unter *Sendeverzögerung* für die Option *Aus*.

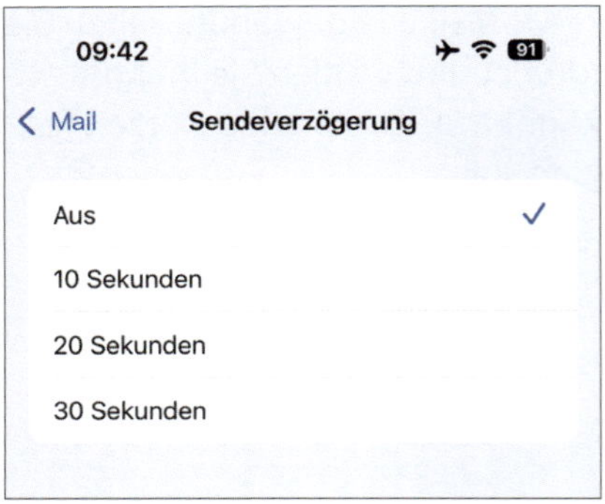


*Die Sendeverzögerung für den E-Mail-Widerruf lässt sich auch ausschalten.*

## E-Mail mit Erinnerungshinweis versehen

Bei jeder E-Mail bieten sich Ihnen verschiedene Optionen. Zum Aufrufen eines Kontextmenüs halten Sie die E-Mail gedrückt. Aber auch das seitliche Streichen von rechts oder von links blendet verschiedene Optionen ein.

So können Sie zum Beispiel eine E-Mail mit einem Erinnerungshinweis versehen. Wenn Sie momentan keine Zeit haben, eine E-Mail zu beantworten, lassen Sie sich einfach später daran erinnern. Um eine Erinnerung zu konfigurieren, streichen Sie auf der E-Mail von links nach rechts. Wählen Sie nun *Erinnerung* und entscheiden Sie sich für eine der angebotenen Erinnerungsoptionen.

## Standardsignatur ändern

Die Standardsignatur *Von meinem iPhone gesendet* ist nicht in Stein gemeißelt. Diese wird normalerweise automatisch an Ihre E-Mails gehängt. In den *Einstellungen* unter *Apps/Mail* und dort unter *Signatur* können Sie die Signatur entweder komplett löschen oder eine neue Signatur eingeben.

## Link-Vorschau statt Text-Link einfügen

Ein kleiner, aber feiner Trick, falls Sie in einer E-Mail einen Link senden möchten: Statt den Link-Text zu versenden, können Sie auch eine Link-Vorschau einfügen, die deutlich mehr hermacht.

1 Tippen Sie zunächst den Link-Text ein, zum Beispiel www.mut.de.

2 Anschließend tippen Sie den Link an und wählen den eingeblendeten Menüpfeil.

3 Entscheiden Sie sich im Menü für den Eintrag *Link-Vorschau anzeigen*.

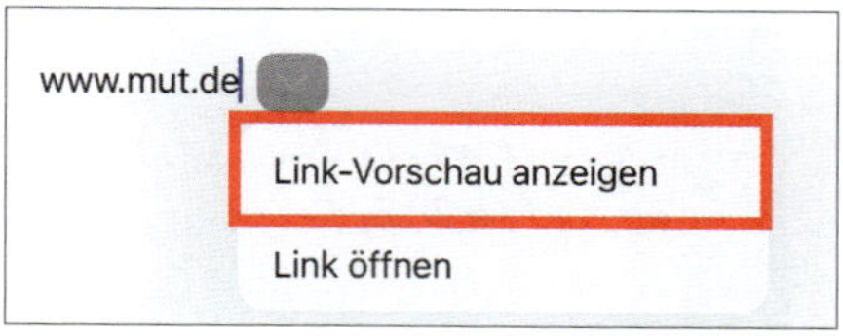


4 Die Link-Vorschau wird eingebaut und kann in dieser Form verschickt werden.

## Andere Mail-App als Standard verwenden

Sie können übrigens auch eine andere Mail-App als Standard für E-Mails sowie eine andere Browser-App als Standard zum Öffnen von Websites festlegen. Wenn Sie zum Beispiel in einer App eine E-Mail an den Support schreiben möchten, wird dann die von Ihnen gewählte Mail-App verwendet. Und wenn Sie in einer Nachricht einen Link antippen, wird die entsprechende Webadresse in der von Ihnen konfigurierten Browser-App geöffnet.

Voraussetzung ist, dass Sie die entsprechende App bereits installiert haben. Das Festlegen als Standard erfolgt in den Einstellungen der jeweiligen App.

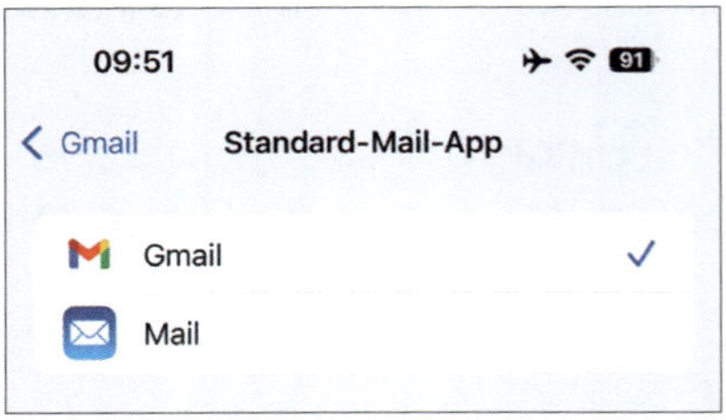


*In diesem Fall habe ich Gmail als Standard-Mail-App festgelegt.*

## Die besten Funktionen fürs Surfen im Internet

Für das Surfen im Internet steht Ihnen auf dem iPhone die Browser-App *Safari* zur Verfügung. Diese App hat sich in den letzten Jahren immer mehr gemausert und wartet mit einer Menge nützlicher Funktionen auf. Die besten davon möchte ich Ihnen im Folgenden vorstellen.

### Mit Profilen private, berufliche und sonstige Surfaktivitäten trennen

Vielleicht nutzen Sie Ihr iPhone sowohl für private als auch für berufliche oder andere nicht private Zwecke? Profile erlauben es Ihnen, zwischen unterschiedlichen Aktivitäten im World Wide Web zu trennen. So könnten Sie zum Beispiel ein privates und ein berufliches Profil erstellen, ein Profil fürs Studium, für den Verein etc. Die jeweiligen Websitedaten werden dann nur im entsprechenden Profil gespeichert. Die folgende Anleitung veranschaulicht, wie Sie ein Profil anlegen und in Safari zwischen Ihren Profilen wechseln:

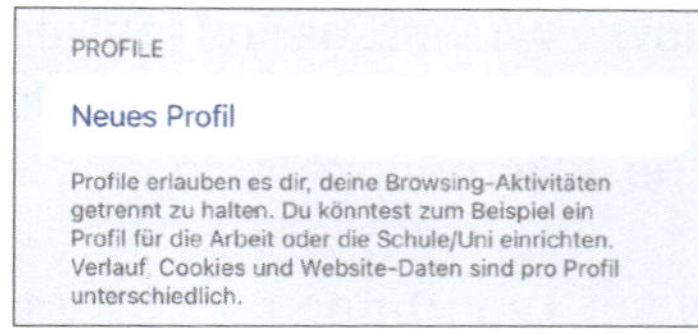


1 Entscheiden Sie sich in den iPhone-Einstellungen unter *Apps* für den Eintrag *Safari*.

2 Nun tippen Sie im Abschnitt *Profile* auf die Option *Neues Profil*.

3 Geben Sie dem neuen Profil eine sinnvolle Bezeichnung. Wählen Sie außerdem ein passendes Symbol und eine passende Farbe für das Profil aus.

4 Bestätigen Sie mit *Fertig*, um das Profil zu erstellen.

5 Um ein Profil auszuwählen, öffnen Sie in der Browser-App *Safari* die Tabansicht.

6 Außer zwischen Tabgruppen können Sie nun auch – unter dem Eintrag *Profil* – zwischen Ihren Profilen wechseln.

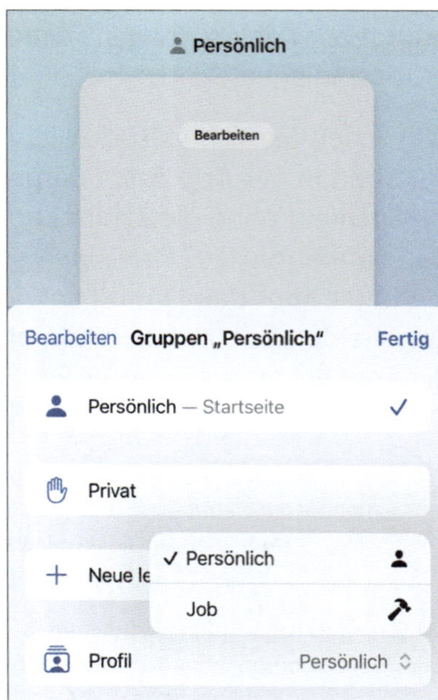

Gut zu wissen: Das Profil *Persönlich* besteht bereits ohne weiteres Zutun. Es wird automatisch mit aufgeführt, wenn Sie ein beliebiges neues Profil erstellen.

## Neue Tabgruppen erstellen und teilen

Auch Tabgruppen können dazu dienen, verschiedene Surfaktivitäten voneinander zu trennen, etwa eine Recherche für die Uni und das Aufrufen Ihrer bevorzugten Nachrichtenseiten. Zum Erstellen oder zur Auswahl einer neuen Tabgruppe tippen Sie rechts unten in der App *Safari* auf das Symbol mit den ineinandergreifenden Quadraten. Öffnen Sie dann unten in der Mitte das Menü. Nun können Sie eine vorhandene Tabgruppe auswählen bzw. eine neue Tabgruppe anlegen.

*Erstellen Sie beliebige Tabgruppen, die Auswahl erfolgt in der Tabansicht.*

Wünschen Sie sich statt der Tableiste ein oben in der App *Safari* dargestelltes Suchfeld ohne die Tabfunktionen? Dann öffnen Sie die *Einstellungen*, wählen unter *Apps* den Eintrag *Safari* und entscheiden sich im Abschnitt *Tabs* für die Ansichtsoption *Einzelner Tab*.

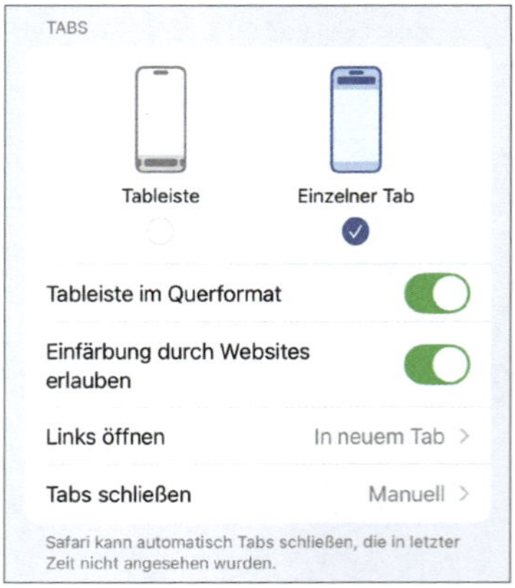


*Möchten Sie auf die Tableiste lieber verzichten? Dann blenden Sie sie mit wenigen Fingertipps aus.*

## Clevere Websuche

Das Suchfeld in Safari hat es buchstäblich in sich. Sie öffnen damit nicht nur Webadressen oder suchen mit der Suchmaschine, die Sie in den *Einstellungen* unter *Apps* und dort unter *Safari* festlegen, nach Webseiten zu bestimmten Themen. Google liefert wohl die besten Suchergebnisse. Sie können sich aber auch für die Suchmaschine DuckDuckGo zugunsten von mehr Datenschutz entscheiden oder für die Suchmaschine Ecosia, um mit Ihren Suchanfragen Bäume zu pflanzen.

Oder möchten Sie eine Suche lediglich auf der gerade geöffneten Webseite starten? Dazu tippen Sie ganz normal Ihren Suchbegriff in das Suchfeld ein. Ihnen wird daraufhin die Websuche nach diesem Begriff angeboten, außerdem werden gegebenenfalls Lesezeichen und Verlaufseinträge angezeigt, die den Begriff enthalten. Unterhalb dieser Liste finden Sie den Abschnitt *Auf dieser Seite*. Tippen Sie den Eintrag an, um auf der Webseite zu suchen.

Der Suche innerhalb eines kompletten Webauftritts dient die *Schnelle Website-Suche*. Wenn Sie im Hinblick auf den Datenschutz keine Bedenken haben, kann Ihnen diese Suchfunktion sehr nützlich sein.

*Mithilfe der schnellen Website-Suche lassen sich Suchfelder auf diversen Websites direkt im Safari-Suchfeld nutzen.*

Das Prinzip ist einfach: Wenn Sie die Suchfunktion auf einer Website nutzen, merkt sich Safari den Anbieter und gestattet es zukünftig, die Suche auf dieser Website mit einem Kurzbefehl durchzuführen. Dazu müssen Sie lediglich den Kurzbefehl eingeben (= Domain des Anbieters) und den Suchbegriff folgen lassen. Einen Überblick über die verfügbaren Kurzbefehle mitsamt der Möglichkeit, einzelne Kurzbefehle zu löschen, erhalten Sie in den *Einstellungen* unter *Apps/Safari* und dort unter *Schnelle Website-Suche*.

Für die Suche müssen Sie den Text nicht unbedingt eintippen. Sie können auch per Spracheingabe suchen, indem Sie auf das Mikrofonsymbol im Adressfeld tippen. Wenn Sie zweimal in das leere Adressfeld tippen, wird Ihnen außerdem unter *Automatisch ausfüllen* angeboten, Text mit der iPhone-Kamera einzuscannen und eine Websuche nach diesem Text zu starten.

## Download-Manager verwenden

Die Browser-App *Safari* verfügt über einen Download-Manager, d. h., Sie können nun ähnlich wie auf einem PC Dateien aus dem Internet herunterladen, indem Sie einen Download-Link antippen und *Laden* wählen.

Standardmäßig werden die heruntergeladenen Dateien im *iCloud Drive* gespeichert. Sie können jedoch auch einen anderen Download-Ordner wählen. Dazu tippen Sie in den *Einstellungen* unter *Apps/Safari* auf den Eintrag *Downloads*. Bestimmen Sie anschließend den Speicherort, etwa *Auf meinem iPhone*.

## Die Safari-Startseite einrichten

Die Startseite in der App *Safari* lässt sich anpassen. Entscheiden Sie selbst, welche Informationen Sie auf der Startseite einblenden möchten, und versehen Sie diese mit einem ansprechenden Hintergrund. Das gelingt folgendermaßen:

1 Wählen Sie auf der Startseite die Schaltfläche *Bearbeiten*.

2 Nun legen Sie per Schalter fest, welche Informationen angezeigt werden sollen und welche nicht.

3 Wünschen Sie außerdem einen bunten Hintergrund für die Startseite? Aktivieren Sie den Schalter *Hintergrundbild* und wählen Sie einen gefälligen Hintergrund durch Antippen aus. Möchten Sie ein eigenes Bild verwenden, tippen Sie auf den Plus-Button.

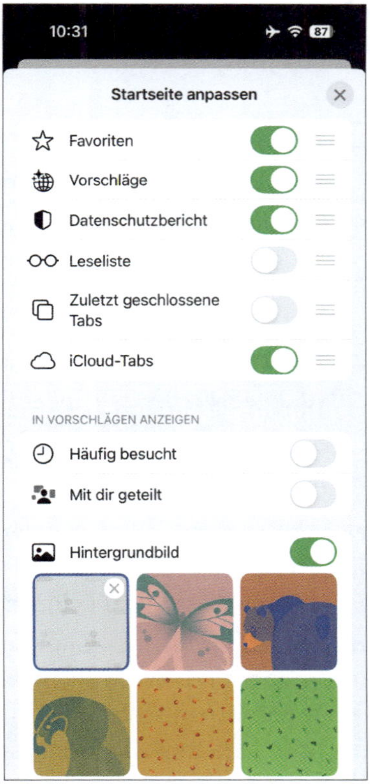


## Ablenkende Objekte ausblenden

Auf so mancher Webseite werden Ihnen penetrante Werbung oder sonstige störende Inhalte angezeigt. In iOS 18 können Sie solche Inhalte mit wenigen Handgriffen ausblenden.

1 Rufen Sie die betreffende Webseite auf und tippen Sie links im Adressfeld auf das in der Abbildung markierte Symbol.

**2** Entscheiden Sie sich nun für *Ablenkende Objekte ausblenden.*

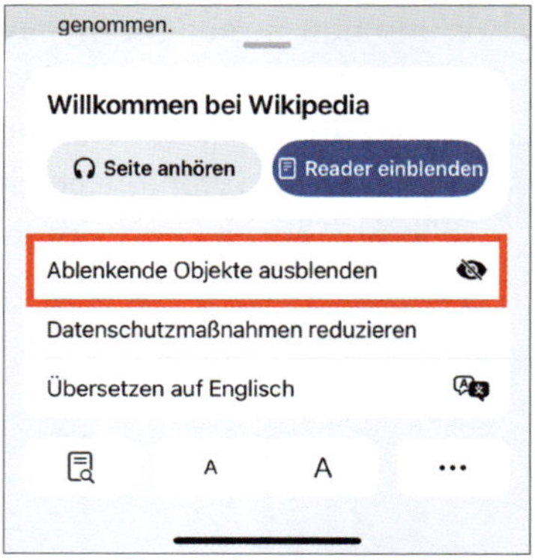


**3** Tippen Sie ein störendes Element an und blenden Sie es mit der Schaltfläche *Ausblenden* aus.

Nach dem Ausblenden von Elementen finden Sie im Menü aus Schritt 2 einen Eintrag, um diese wieder einzublenden.

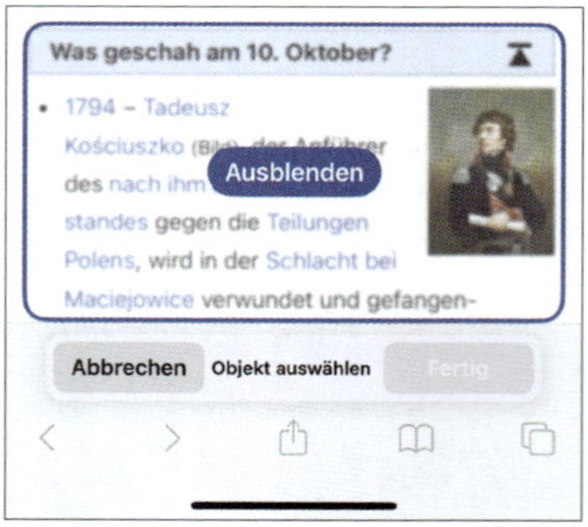


## Weitere Optionen für die aufgerufenen Webseiten

Wenn Sie eine Webseite in Safari aufrufen und dann im Adressfeld auf das Symbol *AA* tippen, erhalten Sie verschiedene Optionen für die aufgerufene Webseite.

Lassen Sie mich Ihnen diese Optionen – von oben nach unten – in einem Überblick vorstellen:

- *Seite anhören:* Keine Lust zu lesen? Dann lassen Sie sich den Inhalt einer Webseite mit dieser Option vorlesen.
- *Reader einblenden:* Sofern verfügbar, können Sie mit dieser Option die Reader-Ansicht einblenden. Sie sorgt für eine lesefreundliche Darstel-

lung der Webseite und sorgt gleichzeitig dafür, dass störende Werbeeinblendungen verschwinden. Sie können zusätzliche weitere Anzeigeoptionen für die Webseite wählen.

- *Datenschutzmaßnahmen reduzieren:* Surfen Sie auf einer sicheren Seite, können Sie bestimmte Einschränkungen umgehen, indem Sie die Datenschutzmaßnahmen auf dieser Seite reduzieren.
- *Übersetzen auf Deutsch:* Übersetzen Sie eine aufgerufene fremdsprachige Webseite mit dieser Funktion ins Deutsche. Diese Option wird nur dann angezeigt, wenn Sie eine fremdsprachige Webseite aufgerufen haben.
- *Suche:* Der Suchbutton dient der Suche auf der aktuell geöffneten Seite.
- *Zoom:* Zunächst mal erhalten Sie eine Zoomoption, die Ihnen dabei helfen wird, auch Kleingedrucktes auf einer Webseite lesen zu können. Mit dem großen *A* vergrößern Sie die Anzeige; mit dem kleinen *A* verkleinern Sie die Anzeige.
- *Datenschutzbericht:* Der Datenschutzbericht, den Sie unter dem Symbol mit den drei Punkten aufrufen, gibt Auskunft darüber, wie viele Tracker von Websites kontaktiert wurden – oder umgekehrt.
- *Symbolleiste ausblenden:* Blenden Sie per Fingertipp auf diese Option, die Sie unter dem Symbol mit den drei Punkten finden, die Symbolleiste mit dem Adressfeld aus. Ein Fingertipp auf die Leiste oben blendet sie wieder ein.
- *Desktop-Website anfordern:* Sie möchten lieber die Desktop-Version einer gerade geöffneten mobilen Website betrachten? Dafür wählen Sie unter dem Symbol mit den drei Punkten diese Option. Beachten Sie aber, dass das nicht bei jeder Website klappt! Das Gegenstück zu dieser Option lautet *Mobile Website anfordern*.
- *Website-Einstellungen:* In diesem Abschnitt, den Sie mit dem Symbol mit den drei Punkten öffnen, können Sie verschiedene Einstellungen für einzelne Websites bestimmen. Legen Sie etwa fest, dass beim Öffnen der Website automatisch der Reader verwendet werden soll,

und bestimmen Sie, welche Freigaben Sie für diese Website erlauben möchten. Die Einstellungen, die Sie hier vornehmen, lassen sich später auch in den *Einstellungen* unter *Apps/Safari* im Abschnitt *Einstellungen für Websites* verwalten.

**Häufig genutzte Webseiten auf den Home-Bildschirm legen**

Wenn Sie eine Webseite häufiger öffnen, können Sie das direkt vom Home-Bildschirm aus machen. Die Webseite wird dann beim Antippen des Symbols auf dem Home-Bildschirm in einem neuen Tab geöffnet.

Zum Hinzufügen eines Symbols öffnen Sie die Webseite in Safari, tippen auf das Symbol, das ein Quadrat mit einem nach oben weisenden Pfeil zeigt, und wählen die Option *Zum Home-Bildschirm*. Achten Sie anschließend auf eine kurze App-Bezeichnung, bevor Sie mit *Hinzufügen* bestätigen – zu lange Bezeichnungen werden automatisch gekürzt.

# 7. Fotos und Videos aufnehmen, bearbeiten und teilen

Gerade die neueren iPhone-Modelle verfügen über eine exzellente Kamera, die inzwischen sogar von Profis genutzt wird. Dabei können Sie Fotos und Videos mit dem iPhone nicht nur aufnehmen – Sie können diese auch direkt auf dem Gerät bearbeiten sowie mit anderen Personen teilen. Einige Tipps und Tricks zu diesem Thema habe ich in diesem Kapitel für Sie zusammengestellt.

## Aufnahme läuft

Wer ein iPhone 16, iPhone 16 Plus, iPhone 16 Pro oder ein iPhone 16 Pro Max besitzt, kann seine Kamera mit einer Kamerasteuerung auf der – bei Draufsicht – rechten Geräteseite steuern. Kurzes Drücken startet eine Fotoaufnahme, längeres Drücken eine Videoaufnahme. Das leichte Drücken der Kamerasteuerung blendet einen Slider ein, um die aktuelle Kameraeinstellung durch Streichen auf der Kamerasteuerung festzulegen. Doppeltes leichtes Drücken der Kamerasteuerung erlaubt die Einstellungsauswahl.

*Der Kamerabutton ermöglicht auf den iPhone-16-Modellen einen schnellen Zugriff auf die wichtigsten Kamerafunktionen.*

Sie können die iPhone-Kamera aber beispielsweise auch vom Sperrbildschirm aus starten. Dazu steht dort ein Symbol zur Verfügung. Sie können die Kamera alternativ auch vom rechten Displayrand auf das iPhone-Display streichen. Auch die Aktionstaste bei den neueren iPhone-Modellen lässt sich mit der Kamerafunktion belegen.

Normalerweise wählen Sie zum Aufnehmen von Fotos oder Videos zunächst eine der angebotenen Optionen aus, also *Foto*, *Porträt*, *Pano* (Panoramafoto), *Video*, *Kino*, *Slo-Mo* (Zeitlupenvideo) oder *Zeitraffer* (Zeitraffervideo). Bei den aktuellen iPhones kommt noch die Option *Räumlich* hinzu, um räumliche Aufnahmen für die Wiedergabe auf einer Apple Vision Pro zu tätigen. Wenn Sie die Option *Foto* gewählt haben, aber nun doch ein Video aufnehmen wollen, halten Sie den Foto-Aufnahmebutton einfach gedrückt. Damit der Videodreh auch ohne Drücken des Buttons weiterläuft, ziehen Sie den Button nach rechts auf das Vorhängeschloss.

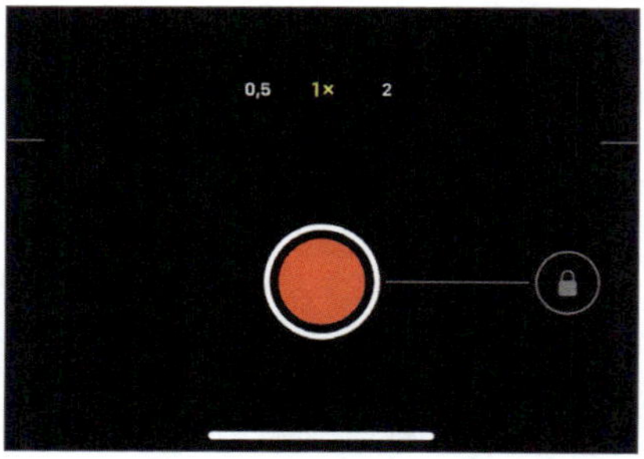


*Halten Sie den Foto-Aufnahmebutton gedrückt, wird ein Videodreh gestartet.*

Vermissen Sie Optionen wie das Auswählen eines Bildformats oder des Timers? Tippen Sie auf das Pfeilsymbol oder streichen Sie mit dem Finger, um diese einzublenden.

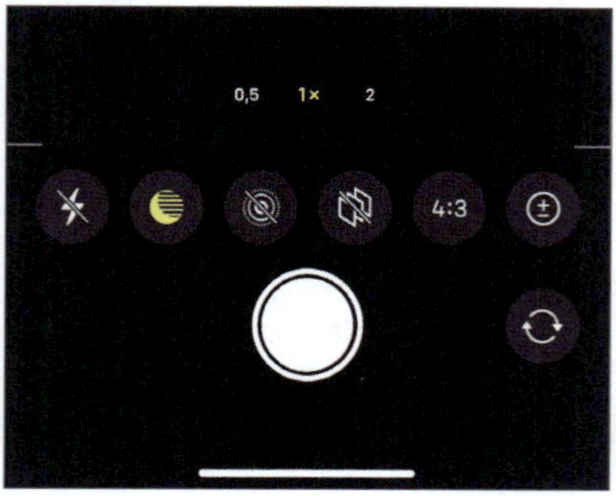


*Belichtung, Bildformat, Timer usw. wählen Sie unter den jeweiligen Symbolen aus.*

**Aufnahme ohne Blick auf das Display starten**

Damit Sie bei der Aufnahme das Motiv im Blick behalten können: Die Aufnahme sowohl von Fotos als auch von Videos kann nicht nur durch das Antippen des Aufnahme-Buttons erfolgen, sondern auch durch das Drücken einer der beiden Lautstärketasten.

## Frontkamera für Selfies spiegeln

Wenn Sie mit der Frontkamera ein Selfie aufnehmen, gefällt Ihnen vielleicht nicht, dass sich Dinge auf dem aufgenommenen Foto auf der »falschen« Seite befinden. Das können Sie verhindern, indem Sie mit der Frontkamera gespiegelte Fotos aufnehmen. Diese Funktion muss allerdings zunächst aktiviert werden, und zwar in den *Einstellungen* unter *Kamera* und dort per Schalter *Frontkamera spiegeln*.

*Auf Ihrem iPhone lässt sich die Frontkamera spiegeln.*

Nehmen Sie mit der gespiegelten Frontkamera zum Beispiel ein Selfie auf, bei dem Sie die Zunge in der Realität zur linken Seite rausstrecken, wird die Zunge in der gespiegelten Version nach rechts rausgestreckt. Und würden Sie auf diese Weise einen Text in Spiegelschrift fotografieren, würde der Text auf dem Foto normal dargestellt werden.

## Live Photos aufnehmen

Eine spezielle Form von Aufnahmen, die Sie mit Ihrem iPhone machen können, sind die Live Photos – dabei handelt es sich eigentlich um kurze

Videosequenzen inklusive Ton, die sich dann auch auf anderen Apple-Geräten wie einem iPad, Mac und einer Apple Watch betrachten lassen.

Zum Aktivieren bzw. Deaktivieren der Live Photos tippen Sie in der App *Kamera* auf das aus mehreren Kreisen bestehende Symbol. Die Wiedergabe eines Live Photos erfolgt in der App *Fotos* durch Antippen und Gedrückthalten. Bevor Sie ein Live Photo versenden, sollten Sie sich dieses stets komplett ansehen.

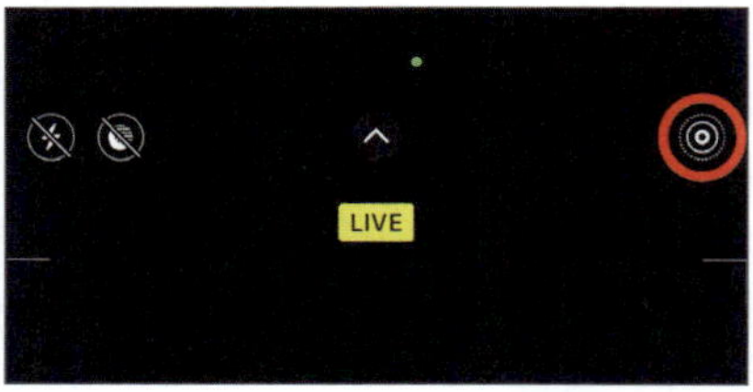


*Live Photos sind eigentlich kurze Videos mit Ton – schauen Sie sich diese vor dem Versenden an andere Personen noch einmal genau an.*

## Hochauflösende Panoramabilder aufnehmen

Mit Ihrem iPhone lassen sich auch hochauflösende Panoramafotos aufnehmen.

So gehen Sie dazu vor:

1. Entscheiden Sie sich in der App *Kamera* für die Aufnahmefunktion *Pano*.
2. Halten Sie die Kamera im Hochformat und drücken Sie den Auslöser.
3. Bewegen Sie das iPhone nun von links nach rechts, und zwar möglichst auf einer Linie. Auf dem iPhone-Display sehen Sie einen Pfeil, und Sie erhalten Hinweise, falls Korrekturen bei der Panorama-Aufnahme erforderlich werden sollten.
4. Um die Panorama-Aufnahme zu beenden, drücken Sie erneut den Auslöser. Das Panoramabild finden Sie wie die anderen Aufnahmen in der App *Fotos*.

### Zoomstufe festlegen

Zum Erhöhen der Zoomstufe bewegen Sie auf dem iPhone-Display Daumen und Zeigefinger auseinander. Um die Zoomstufe zu verringern, bewegen Sie Daumen und Zeigefinger zueinander.

Die jeweilige Zoomstufe wird auf dem Display angezeigt. Hierbei wird zwischen optischem und digitalem Zoom unterschieden. Zur Auswahl eines optischen Zooms können Sie auch einfach eine der angezeigten Zoomstufen auswählen. Zum Erhöhen oder Verringern der Zoomstufe ziehen Sie einen Button nach rechts bzw. links.

*Passen Sie die Zoomstufe direkt auf dem iPhone-Display an; das iPhone 16 bietet z. B. die optischen Zoomstufen 0,5, 1x und 2; der digitale Zoom geht bis 10.*

## Bildschirmaufnahmen tätigen

Um ein Bildschirmfoto aufzunehmen, drücken Sie auf Ihrem iPhone gleichzeitig die Seitentaste und die obere Lautstärketaste. Das Bildschirmfoto wird für ein paar Sekunden links unten auf dem Display eingeblendet. Wenn Sie das Bildschirmfoto bearbeiten möchten, tippen Sie die Minivorschau an. Sie erhalten anschließend verschiedene Optionen, um das Bildschirmfoto zu bearbeiten, etwa um auf dem Bildschirmfoto zu zeichnen oder ihm Text hinzuzufügen.

Sie können Bildschirminhalte dank einer cleveren iOS-Funktion aber auch als Video mitschneiden. Und das geht folgendermaßen:

1 Fügen Sie im ersten Schritt dem Kontrollzentrum das Steuerelement *Bildschirmaufnahme* hinzu.

2 Um nun eine Bildschirmaufnahme zu machen, streichen Sie das Kontrollzentrum von der rechten oberen Ecke bzw. bei einem älteren iPhone vom unteren Displayrand auf das iPhone-Display.

**3** Tippen Sie auf das Symbol für die Bildschirmaufnahme. Dass die Aufnahme läuft, wird durch eine rote Anzeige im Dynamic Island bzw. bei älteren iPhones links oben auf dem Bildschirm dargestellt.

**4** Um die Bildschirmaufnahme zu beenden, tippen Sie den roten Stopp-Button in der Anzeige an. Die Bildschirmaufnahme wird daraufhin in der App *Fotos* gespeichert.

Die auf diese Weise getätigte Bildschirmaufnahme ist standardmäßig ohne Ton. Möchten Sie das Mikrofon zuschalten? Dazu halten Sie das Steuerelement *Bildschirmaufnahme* im Kontrollzentrum gedrückt. Tippen Sie dann auf das Mikrofonsymbol, um das Mikrofon einzuschalten.

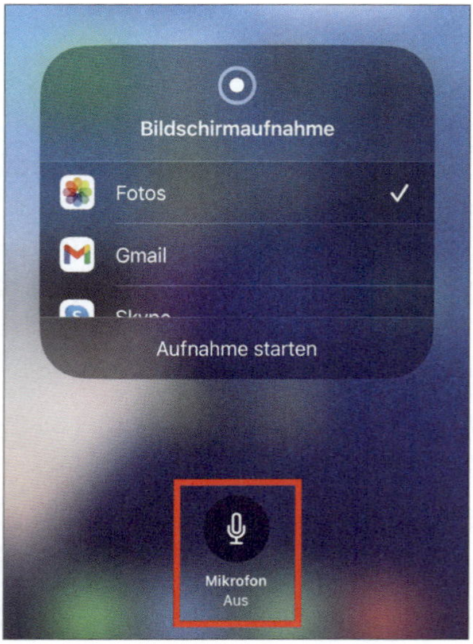


*Für eine Bildschirmaufnahme mit Ton schalten Sie das Mikrofon ein.*

## Die neue Fotomediathek einrichten

In der Fotomediathek unter iOS 18 entfallen die von früheren iOS-Versionen gewohnten Rubriken. Stattdessen gelangen Sie durch vertikales Scrollen zu Ihren verschiedenen Sammlungen. Dabei können Sie selbst bestimmen, welche Sammlungen Sie nutzen möchten und in welcher Reihenfolge Sie diese in der Fotomediathek darstellen wollen. Dies ist die Anleitung dazu:

1 Öffnen Sie die App *Fotos* und scrollen Sie in der Fotomediathek ganz nach unten.

2 Tippen Sie auf die Schaltfläche *Anpassen & Neuanordnen*.

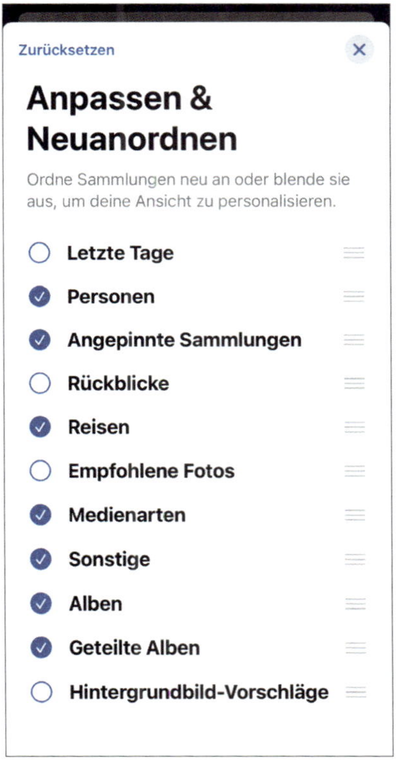

3 Deaktivieren bzw. aktivieren Sie die Sammlungen.

4 Das Symbol mit den drei Strichen ermöglicht es, eine Sammlung an eine andere Position zu ziehen.

5 Um den Vorgang abzuschließen, klicken Sie auf das Kreuzsymbol rechts oberhalb des Menüs.

## Aufnahmen direkt auf dem iPhone bearbeiten

Fotos und Videos, die Sie mit dem iPhone aufgenommen haben, lassen sich dort auch direkt bearbeiten. Um ein Foto zu bearbeiten, tippen Sie dieses in der App *Fotos* an und wählen anschließend unten in der Mediathek das Symbol mit den drei Schiebereglern.

Ihnen werden daraufhin verschiedene Funktionen für die Bildbearbeitung angeboten: Ändern Sie zum Beispiel Belichtung und Farben, wählen Sie einen Filter aus, schneiden Sie ein Foto zu, drehen Sie die Aufnahme usw. Um einen Bearbeitungsschritt jeweils zu speichern, tippen Sie auf das Häkchensymbol. Um einen Bearbeitungsschritt oder die Bearbeitung insgesamt abzubrechen, tippen Sie auf das Kreuzsymbol.

Die folgenden Bildbearbeitungsfunktionen sind auf Ihrem iPhone an Bord:

- *Anpassen:* Ist ein Foto zu dunkel geraten oder möchten Sie die Farben optimieren? Unter dem Symbol mit dem Drehregler finden Sie eine ganze Reihe von Anpassungsoptionen, zum Beispiel für Belichtung, Kontrast, Farbton usw. Die Anpassung erfolgt jeweils mithilfe eines Schiebereglers.
- *Zuschneiden:* Wenn Sie ein Foto zuschneiden möchten, tippen Sie auf das Zuschnittsymbol und ziehen den Zuschnittrahmen mit dem Finger in die gewünschte Position und Größe. Alternativ können Sie mit dem Formatsymbol ein bestimmtes Bildformat festlegen. Eine Skala hilft Ihnen zudem beim optimalen Ausrichten des Bildes.

- *Filter:* Ein Filter lässt sich nicht nur beim Fotografieren einsetzen, sondern auch nachträglich auf ein Foto anwenden. Hierzu tippen Sie auf das Filtersymbol und wählen einen der angebotenen Filter aus.

- *Drehen:* Ebenfalls unter dem Zuschnittsymbol finden Sie ein Symbol, das ein Foto mit einem nach links weisenden Pfeil darstellt. Tippen Sie es an, um das Foto um jeweils 90 Grad gegen den Uhrzeigersinn zu drehen.
- *Spiegeln:* Zum Spiegeln eines Fotos tippen Sie unter dem Zuschnittsymbol auf das Spiegelungssymbol.

Möchten Sie eine bearbeitete Aufnahme später in den ursprünglichen Zustand zurückversetzen, wählen Sie bei der Aufnahme erneut *Bearbeiten*, tippen auf das rote Symbol und dann auf *Zurück zum Original*. Darüber hinaus werden Pfeilsymbole zum Rückgängigmachen bzw. Wiederherstellen der letzten Änderungen eingeblendet.

## Live Photos bearbeiten

Für Live Photos stehen Ihnen unter dem Live-Photo-Symbol zusätzliche Bearbeitungsfunktionen zur Verfügung, die ich Ihnen ebenfalls nicht vorenthalten möchte:

- **Schlüsselfoto festlegen:** Wählen Sie in der Aufnahmesequenz dasjenige Bild aus, das als »normales« Foto angezeigt werden soll, wenn die Live-Photos-Funktion von einem Betrachter nicht genutzt wird.
- **Ton abschalten:** Möchten Sie im Live Photo den Ton der Aufnahme deaktivieren? Dazu tippen Sie links auf das Lautsprechersymbol, sodass es durchgestrichen dargestellt wird.
- **Live Photo in normales Foto umwandeln:** Um statt des Live Photos nur noch das Schlüsselfoto zu verwenden, tippen Sie auf die Schaltfläche *Live*, sodass diese nicht mehr orange dargestellt wird.

*Live Photos lassen sich direkt auf dem iPhone bearbeiten.*

Zusätzlich bietet sich Ihnen für Live Photos eine Effektauswahl, die Sie erhalten, wenn Sie in der App *Fotos* (nicht im Bearbeitungsmodus!) ein Live Photo aufrufen und das Menü links oberhalb der Aufnahme öffnen.

## Videobearbeitung auf dem iPhone

Die kennengelernten Bearbeitungsoptionen lassen sich nicht nur auf Fotos, sondern auch auf Videoaufnahmen anwenden.

Bei Videos erhalten Sie – durch Antippen des Kamerasymbols – zusätzlich die Möglichkeit, diese zu kürzen, indem Sie einen Zuschnittrahmen einblenden.

*Kürzen Sie ein Video durch Anpassen des Zuschnittrahmens.*

Bei den neuen iPhones lassen sich zudem Audiomixe für die aufgenommenen Videos auswählen, um nachträglich die Audiospur zu optimieren. Beispielsweise kann durch die Auswahl *Im Bild* der Audiofokus auf die gerade im Video gezeigten Personen gerichtet werden.

## Bokeh-Effekt oder lieber doch nicht?

Schließlich stehen auch für Porträtfotos eigene Bearbeitungsoptionen zur Verfügung wie etwa das Anpassen der Schärfentiefe beim Bokeh-Effekt. Dieser Effekt sorgt dafür, dass das Porträtfoto selbst gestochen scharf dargestellt, der Hintergrund hingegen mit Unschärfe versehen wird.

Aber vielleicht wünschen Sie überhaupt keinen Bokeh-Effekt mehr? Mit wenigen Handgriffen lässt sich ein Porträtfoto wieder in ein normales Foto zurückverwandeln – aber auch ein normales Foto in ein Porträtfoto mit Schärfentiefe. Bei einem Porträtfoto finden Sie dazu in der App *Fotos* ein entsprechendes Menü, in dem Sie Ihre Auswahl treffen.

*Sie können bei Porträtfotos auch nachträglich entscheiden, ob Sie den Bokeh-Effekt wünschen oder nicht.*

## Bearbeitungen auf weitere Aufnahmen übertragen

Die für eine Aufnahme gewählten Bearbeitungsoptionen können Sie auf weitere Aufnahmen anwenden.

Wie Sie hierzu vorgehen, zeigt die folgende Anleitung:

1 Bearbeiten Sie in der App *Fotos* eine Aufnahme. Hier habe ich zum Beispiel bei einem Bild die Helligkeit angepasst.

2 Tippen Sie dann rechts oben auf das Symbol mit den drei Punkten.

3 Entscheiden Sie sich für die Option *Änderungen kopieren*.

4 Nun rufen Sie in der App *Fotos* eine andere Aufnahme auf. Sie können auch mehrere Aufnahmen für die gleichzeitige Bearbeitung markieren. Dazu entscheiden Sie sich für *Auswählen* und tippen dann die Aufnahmen an bzw. streichen mit dem Finger darüber.

5 Wählen Sie nun das Symbol mit den drei Punkten.

6 Entscheiden Sie sich für den Eintrag *Änderungen einsetzen*, um die Bearbeitungen der ersten Aufnahme anzuwenden.

**Fotos mit Texten, Formen und weiteren Markierungen versehen**

Sie können bei der Bearbeitung Ihrer Aufnahmen in der App *Fotos* auch eine Markierungsoption verwenden, die Sie unter dem Stiftsymbol aufrufen. Versehen Sie Ihre Aufnahmen auf einfache Weise mit Texten, Formen oder verschiedenen weiteren Markierungen.

## Aufnahmen mit anderen Personen teilen

Haben Sie Ihre Aufnahmen fertig bearbeitet, übertragen Sie diese – wie bei einer herkömmlichen Digitalkamera – per USB-Kabel auf Ihren Desktop-PC oder Ihr Notebook. Alternativ nutzen Sie eine App wie *WiFi Photo*

*Transfer*, um die Aufnahmen bequem per WLAN auf den PC zu kopieren. Sie können Ihre Bilder natürlich auch direkt auf dem iPhone anderen Personen präsentieren – oder diese für andere im Internet verfügbar machen.

## Aufnahmen als PDF-Datei speichern

Das ist besonders praktisch, wenn Sie Dokumente abfotografiert haben und diese nun zu einem einzigen Dokument zusammenfügen möchten: Tippen Sie dann in der App *Fotos* auf *Auswählen* und entscheiden Sie sich für die gewünschten Aufnahmen.

Tippen Sie anschließend auf das Quadrat mit dem nach oben weisenden Pfeil und wählen Sie unter *Mehr* die Option *Bücher*. Danach steht eine PDF-Datei mit den Fotos in der App *Bücher* zum Betrachten, aber auch zum Versenden zur Verfügung.

## Aufnahmen in einer Diashow wiedergeben

Um eine Diashow zu starten, wählen Sie in der App *Fotos* im Abschnitt *Alben* ein Album aus. Tippen Sie auf das erste Foto im Album, entscheiden Sie sich anschließend für das Symbol mit den drei Punkten und wählen Sie im Menü die Option *Als Diashow wiedergeben*. Die Diashow wird nun wiedergegeben. Wenn Sie in die Diashow tippen, können Sie per Symbol noch die Hintergrundmusik sowie den Look anpassen.

Automatisch aus Ihren Aufnahmen generierte Rückblicke – das sind ebenfalls Diashows mit Musikuntermalung – bietet die Funktion *Rückblicke*, die Sie unten in der App *Fotos* aufrufen.

**Ein eigenes Foto als Display-Hintergrund festlegen**

Möchten Sie ein selbst aufgenommenes Foto als Display-Hintergrund einsetzen? Kein Problem: Wählen Sie das Bild in der App *Fotos* aus, tippen Sie links unten auf das Symbol, das ein Quadrat mit einem nach oben zeigenden Pfeil zeigt, und wählen Sie die Option *Als Hintergrund*.

## Geteilte iCloud-Fotomediathek erstellen

Mit geteilten Alben lassen sich Aufnahmen mit anderen Personen gemeinsam verwenden. Dazu muss die Option *Geteilte Alben* in den *iCloud-Einstellungen* aktiviert sein. Das Erstellen neuer geteilter Alben erfolgt in der App *Fotos*. Wählen Sie dort im Abschnitt *Geteilte Alben* die Funktion *Erstellen*.

*Neue geteilte Alben lassen sich direkt in der App Fotos erstellen.*

Sie haben zudem die Möglichkeit, eine komplette iCloud-Fotomediathek zu teilen. Um eine neue geteilte iCloud-Fotomediathek zu erstellen, gehen Sie so vor:

1. Wählen Sie in den *Einstellungen* Ihres iPhones oben Ihren Benutzernamen aus.
2. Entscheiden Sie sich anschließend für den Eintrag *iCloud*.
3. Wählen Sie nun *Fotos*.
4. Aktivieren Sie, falls noch nicht geschehen, die Option *Dieses iPhone synchronisieren*. Das Synchronisieren kann eine Weile in Anspruch nehmen.
5. Entscheiden Sie sich für den nach der Synchronisierung eingeblendeten Eintrag *Geteilte Mediathek*.
6. Folgen Sie nun dem Assistenten durch den Einrichtungsprozess. Sie sind der Organisator der geteilten Mediathek und können bis zu fünf weitere Teilnehmende hinzufügen. Entscheiden Sie außerdem, ob Aufnahmen automatisch oder nur manuell in die geteilte Mediathek aufgenommen werden sollen.

**7** Der Wechsel zwischen den Mediatheken erfolgt in der App *Fotos* unter dem Profil-Icon rechts oben.

# 8. Geniale Tipps für Musik, Streaming und Co.

Auch für die Wiedergabe von Medien ist Ihr iPhone perfekt geeignet. Das ist kein Wunder, denn es ist schließlich aus dem Mediaplayer iPod hervorgegangen. Egal, ob Musik, Hörbücher, Filme oder Podcasts – das iPhone gibt so gut wie alles wieder, sofern das Format stimmt. In diesem Kapitel habe ich einige nützliche Tipps und Tricks speziell zu diesem Thema für Sie aufgeschrieben.

## Gekonnte Medienwiedergabe auf dem iPhone

Die Wiedergabe von Musik, Filmen und Co. erfolgt auf dem iPhone weitgehend intuitiv, aber es gibt doch einige pfiffige Tipps und Tricks, die Sie kennen sollten.

### Musik-Streaming mit Apple Music

Mit dem Dienst *Apple Music* können Sie Millionen Musiktitel streamen, ohne diese zu kaufen. Das kostet bei Redaktionsschluss als Einzelperson 10,99 Euro pro Monat, für Studierende 5,99 Euro monatlich und für Familien per Familienfreigabe 16,99 Euro pro Monat. In der App *Musik* und dort auf der *Startseite* können Sie zunächst ein Probe-Abo abschließen, um den Dienst kostenlos zu testen.

Beachten Sie aber, dass die automatische Verlängerung für das Abo in Ihrem Account ausgeschaltet werden muss, sonst läuft es nach dem Probe-Abo kostenpflichtig weiter. Zum Deaktivieren der Verlängerung öffnen Sie die *Einstellungen*, wählen oben in den *Einstellungen* Ihren Benutzernamen und dann *Abonnements*.

Übrigens gibt es noch viele weitere Dienste für Musik und andere Medien – nicht nur von Apple –, die Sie kostenlos oder zumindest sehr günstig testen können: Deezer, BookBeat, Amazon Prime, Readly und viele weitere. Probieren Sie die einzelnen Anbieter ruhig erst mal durch, bevor Sie sich für einen entscheiden!

## Klang optimieren mit dem Equalizer

Der Klang bei der Musikwiedergabe entspricht noch nicht so ganz Ihren Vorstellungen? Abhilfe kann da der Equalizer schaffen, der Ihnen in den *Einstellungen* unter *Apps* und dort unter dem Eintrag *Musik* zur Verfügung steht. Passen Sie unter dem genannten Eintrag den *EQ* an. Beachten Sie aber, dass der Equalizer den Strombedarf Ihres iPhones leicht erhöht.

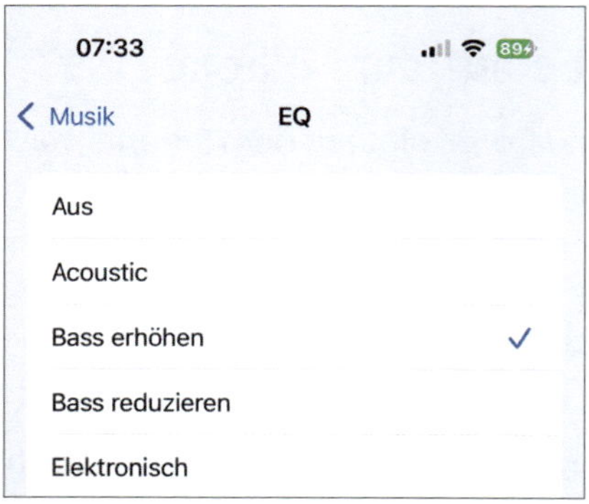


*Im Equalizer stehen zahlreiche Klangvarianten zur Verfügung, die Sie zur Auswahl lediglich antippen müssen.*

## Lautstärke der Wiedergabe automatisch regeln

Besonders dann, wenn die Songs aus unterschiedlichen Quellen stammen, kann sich die Wiedergabelautstärke unterscheiden. Aktivieren Sie in den *Einstellungen* unter *Apps/Musik* die Option *Lautstärke anpassen*, um die Lautstärke der Songs anzugleichen.

## Titel beim Wechsel überblenden

Sie können Titel bei der Wiedergabe überblenden, um einen harmonischen Übergang zwischen den Songs zu schaffen. Die Dauer der Überblendung legen Sie nach dem Aktivieren des Schalters *Überblenden* in den *Einstellun-*

*gen* unter *Apps/Musik* per Schieberegler selbst fest. Ein kleiner Wermutstropfen: Das Überblenden klappt bisher nicht beim Streamen mit AirPlay.

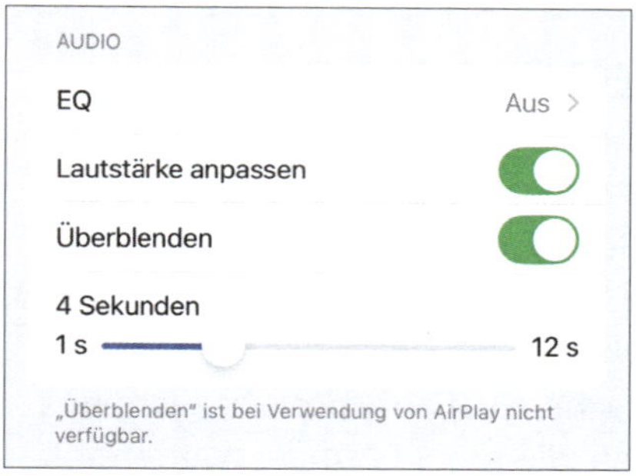


*Ihr iPhone kann Musiktitel bei der Wiedergabe überblenden.*

## Musikwiedergabe mit dem Timer automatisch stoppen

Praktisch zum Einschlafen: Beenden Sie die Musikwiedergabe mithilfe des Timers in der App *Uhr*. Tippen Sie dazu im Timer auf den Eintrag *Timer-Ende* und wählen Sie ganz unten die Option *Wiedergabe stoppen*. Das Stoppen der Wiedergabe funktioniert übrigens nicht nur bei der App *Musik*, sondern auch bei Spotify und Co.

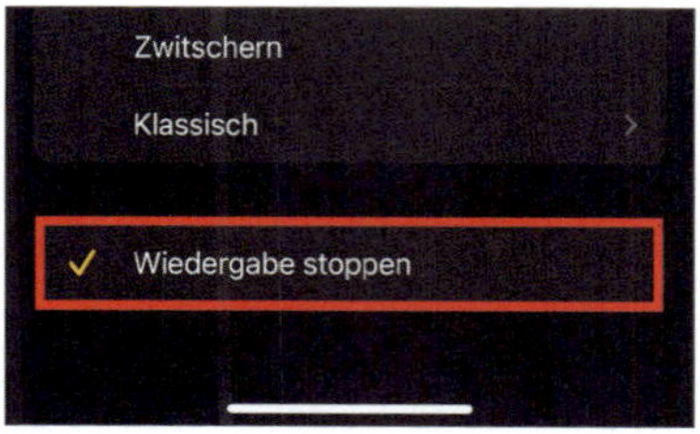


*Setzen Sie den Timer zum Stoppen der Musikwiedergabe ein.*

## Automatische Podcast-Wiedergabe abschalten

Wenn Sie in der App *Podcasts* eine Folge anhören, wird nach dem Beenden der Folge standardmäßig die Wiedergabe automatisch mit der nächsten Folge fortgesetzt. Das ist in vielen Fällen nicht gewünscht. Um die automatische Fortsetzung zu unterbinden, öffnen Sie die *Einstellungen*, wählen unter

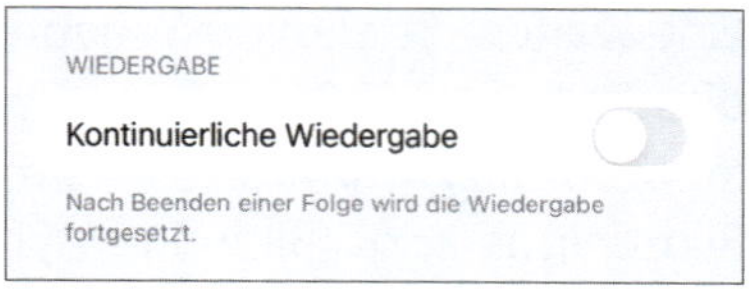


*Podcasts sind sehr beliebt, aber die kontinuierliche Wiedergabe kann manchmal nerven – schalten Sie diese einfach ab!*

*Apps* den Eintrag *Podcasts* und deaktivieren dann im Abschnitt *Podcast-Einstellungen* den Schalter *Kontinuierliche Wiedergabe*.

**Hilfe! Das iPhone spielt meine Filme nicht ab!**

Während es bei der App *Musik* kaum Formatprobleme gibt, da die meisten Songs im MP3- oder AAC-Format vorliegen, sieht es bei der App *Videos* etwas anders aus. Von dieser werden nur wenige Formate erkannt. Sie können Ihre Filme nun mühselig konvertieren, etwa mit der kostenlosen Software *HandBrake*, die Sie unter der Webadresse https://handbrake.fr finden. Die einfachere Variante besteht allerdings darin, eine Zusatz-App zu installieren, die mehr Formate wiedergibt. Empfehlenswert ist beispielsweise die kostenlose App *VLC media player*.

## Medienstreaming leicht gemacht

Manchmal werden Sie sich wünschen, Ihre Musik und Ihre Filme auf die Stereoanlage bzw. den Fernseher zu übertragen. Mit den passenden Geräten ist das eine einfache Sache. Und natürlich geht es ohne Kabel.

Eine einfache Variante ist die Bluetooth-Stereoanlage, die Sie – ähnlich wie im zweiten Kapitel im Zusammenhang mit einer Bluetooth-Tastatur beschrieben – mit dem iPhone koppeln. Wenn Bluetooth sowohl auf dem iPhone als auch an der Stereoanlage aktiviert ist, wird die Musik, die auf dem iPhone läuft, auf die Stereoanlage übertragen.

Eine weitere Streaming-Variante ist AirPlay. Die Übertragung erfolgt in diesem Fall an AirPlay-fähige Geräte. Das Aktivieren von AirPlay passiert im Kontrollzentrum unter dem Symbol, das zwei ineinandergreifende Bildschirme zeigt (Bildschirmsynchronisierung), bzw. aus den einzelnen Medien-Apps heraus, in der App *Musik* beispielsweise unter dem AirPlay-Symbol. Es lassen sich Medieninhalte vom iPhone per AirPlay-Funktion auch auf einen Mac streamen.

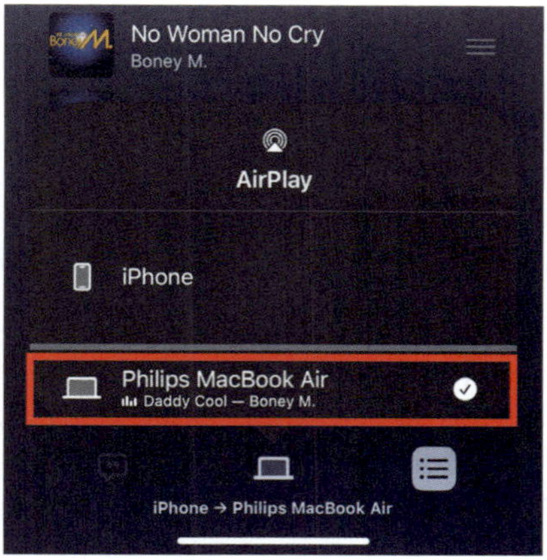


*Hier wird auf einem iPhone AirPlay auf einem MacBook ausgewählt.*

Was die AirPlay-fähigen Geräte betrifft, ist allen voran das Apple TV zu nennen, das den Zugriff auf iPhone-Inhalte auch auf dem TV-Gerät ermöglicht. Das Apple TV bietet zusätzlich noch weitere Funktionen wie den Zugriff auf die von Ihnen im iTunes Store erworbenen Artikel und die Möglichkeit, weitere Filme zu kaufen oder auszuleihen. Mit verschiedenen Apps erhalten Sie außerdem Zugriff auf Ihre iCloud-Fotos, auf Podcasts, Netflix, Amazon Prime Video und mehr.

## Per Privatfreigabe Musik vom PC aufs iPhone übertragen

Ein Apple TV kann auch, dank Privatfreigabe, auf die Mediathek auf dem PC zugreifen. Aber das kann auch das iPhone. Hierzu muss die Privatfreigabe zunächst auf dem Computer aktiviert werden (auf einem Windows-PC in der Software *iTunes*, unter macOS in den *Systemeinstellungen*). In iTunes auf einem Windows-PC klicken Sie dazu in der Menüleiste auf *Datei* und wählen *Privatfreigabe/Privatfreigabe aktivieren*. In den *Systemeinstellungen* auf einem Mac klicken Sie dazu unter *Allgemein* auf *Teilen* und aktivieren bei den Details zu *Medien teilen* das Kontrollkästchen *Privatfreigabe*.

Der Zugriff auf die freigegebene Mediathek erfolgt in der App *Musik* unter dem eingeblendeten Symbol mit den drei Punkten, in der App *TV* greifen Sie auf die freigegebene Mediathek in der Rubrik *Mediathek* zu.

# 9. Den Onlinespeicherdienst iCloud optimal einsetzen

Einige Funktionen von Apples Onlinespeicherdienst iCloud wurden in diesem Buch bereits erwähnt, beispielsweise die geteilte iCloud-Mediathek oder die kostenpflichtigen *iCloud+*-Optionen.

In diesem Kapitel möchte ich zum Thema iCloud nachlegen, denn iCloud bietet noch weitere Funktionen – sei es zum Sichern Ihrer Daten, zum Datenaustausch mit anderen Geräten und Personen oder zum Auffinden eines verloren geglaubten iPhones. Die besten Tipps und Tricks dazu finden Sie in diesem Kapitel.

## Den iCloud-Speicher jederzeit im Griff

Bei Redaktionsschluss stellte Apple pro Apple Account 5 GB iCloud-Speicherplatz kostenlos zur Verfügung. Wenn Sie iCloud mit mehreren Apple-Geräten nutzen, Ihre Backups hochladen und obendrein noch Ihre Aufnahmen mit iCloud synchronisieren, ist dieser Speicherplatz unter Umständen schnell voll – und mehr Speicher kostet. Deshalb gilt es, von Anfang an wichtige Tipps zu beachten.

Zunächst mal wählen Sie in den *Einstellungen* oben Ihren Benutzernamen und entscheiden dann unter *iCloud*, welche iCloud-Funktionen Sie wirklich benötigen. Besonders beim Hochladen von Aufnahmen – das legen Sie unter *Fotos* fest – sollten Sie, was den Speicherbedarf betrifft, auf der Hut sein. Auch Dateien, die Sie im *iCloud Drive* speichern, können – je nach Art der Dateien – viel Speicher in Anspruch nehmen.

Die anderen Daten wie Kontakte, Kalender, Safari-Daten (Lesezeichen und iCloud-Tabs), Notizen und Co. nehmen nicht viel Speicherplatz in Anspruch, sodass Sie hier rein nach Bedarf entscheiden.

## Achtung: App-Inhalte können das iCloud-Backup aufblähen!

In einem iCloud-Backup – Sie aktivieren es in den *Einstellungen*, indem Sie dort Ihren Account wählen und sich dann unter *iCloud* für den Eintrag *iCloud-Backup* entscheiden und den gleichlautenden Schalter auf *Ein* stellen – werden nicht nur Einstellungen gesichert, sondern auch Inhalte, die nach einer Wiederherstellung erneut zur Verfügung stehen sollen. Wenn Sie nun aber beispielsweise eine Video-App auf Ihrem iPhone installieren und einige Videos darin laden, kann dies dazu führen, dass der iCloud-Speicherplatz rasch belegt ist.

Wählen Sie deshalb aus, welche Daten in das iCloud-Backup aufgenommen werden sollen, und zwar so:

1 Öffnen Sie die *Einstellungen*, wählen Sie Ihren Benutzernamen und dann *iCloud* und tippen Sie anschließend oben auf *Speicher*.

2 Wählen Sie in der folgenden Übersicht den Eintrag *Backups*.

3 Tippen Sie im Abschnitt *Backups* auf das iCloud-Backup Ihres iPhones.

4 Sie erhalten eine Übersicht über die Daten, die im iCloud-Backup gespeichert werden, und zwar sortiert nach der Speichergröße. Deaktivieren Sie den Schalter bei denjenigen Daten, die nicht gesichert werden müssen – etwa, weil Sie Filme ohnehin schon auf dem PC gesichert haben.

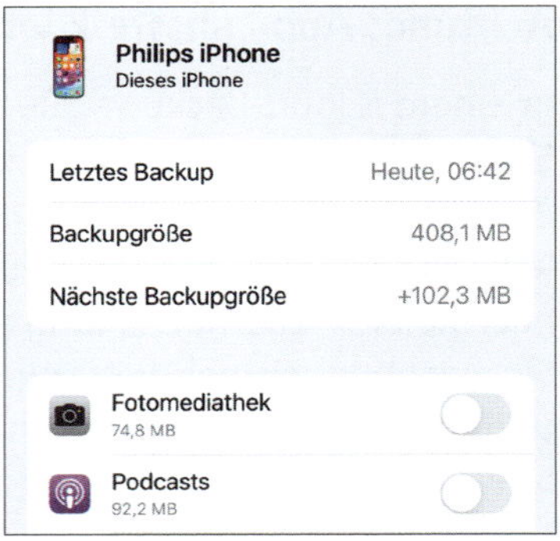


Ein automatisches iCloud-Backup wird übrigens nur durchgeführt, wenn Sie das iPhone ans Stromnetz angeschlossen haben und ein WLAN zur Verfügung steht. Nur am Anfang werden alle Daten hochgeladen, bei weiteren Backups lediglich die jeweiligen Änderungen.

## In der Dateien-App mehrere Cloud-Speicher verwalten

Wer seine Dateien bei verschiedenen Cloud-Anbietern auslagert, kann mit der App *Dateien* darauf zugreifen. Voraussetzung ist, dass Sie die jeweilige App des Cloud-Anbieters auf dem iPhone installiert und in der App *Dateien* als Speicherort aktiviert haben. Die folgende Anleitung zeigt Ihnen, wie Sie zunächst eine Datei in der App *Dateien* sichern und anschließend darauf zugreifen:

1 Wählen Sie beispielsweise in der App *Fotos* eine Fotoaufnahme aus, tippen Sie auf das Quadrat mit dem nach oben weisenden Pfeil und entscheiden Sie sich für die Option *In Dateien sichern*.

2 Legen Sie den gewünschten Cloud-Anbieter fest und bestimmen Sie gegebenenfalls noch den Cloud-Ordner, in dem die Datei gespeichert werden soll. Bestätigen Sie mit *Sichern*.

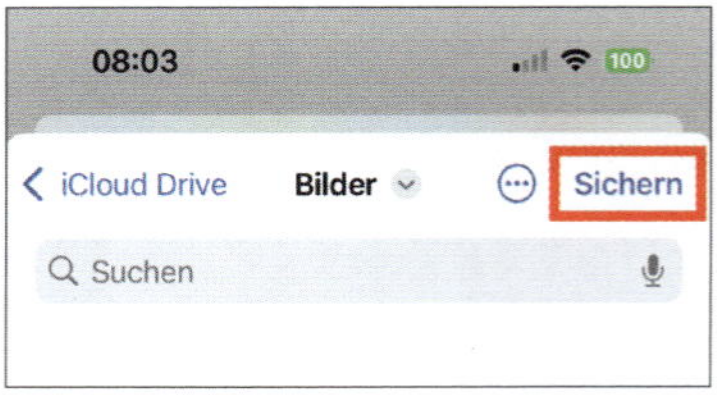

3 Um auf die gespeicherte Datei zuzugreifen, tippen Sie – standardmäßig auf der zweiten Seite des Home-Bildschirms – auf die App *Dateien*.

4 Wählen Sie in der App *Dateien* den entsprechenden Cloud-Anbieter aus. Schon erhalten Sie Zugriff auf die Datei. Das Herunterladen einer in der Cloud gespeicherten Datei erfolgt durch Antippen derselben.

Um auch bei vielen in der App *Dateien* gespeicherten Dateien schnell die benötigte Datei zu finden, stehen einige pfiffige Funktionen zum Suchen und Verwalten zur Verfügung. Tippen Sie beispielsweise links unten auf *Verlauf*, um die Dateien in einer chronologischen Übersicht zu betrachten. Um nach einer bestimmten Datei zu suchen, tippen Sie in das Suchfeld und geben einen Suchbegriff ein, um passende Dateien angezeigt zu bekommen.

## Auf unterschiedliche Speicherorte zugreifen

Möchten Sie von bestimmten Speicherorten auf die Dateien zugreifen, blättern Sie in der Rubrik *Durchsuchen* nach links zur Speicher-Übersicht. Tippen Sie nun rechts oben auf das Symbol mit den drei Punkten und wählen Sie im Menü *Bearbeiten*. Die einzelnen Speicherorte werden Ihnen angezeigt und lassen sich per Fingertipp auswählen.

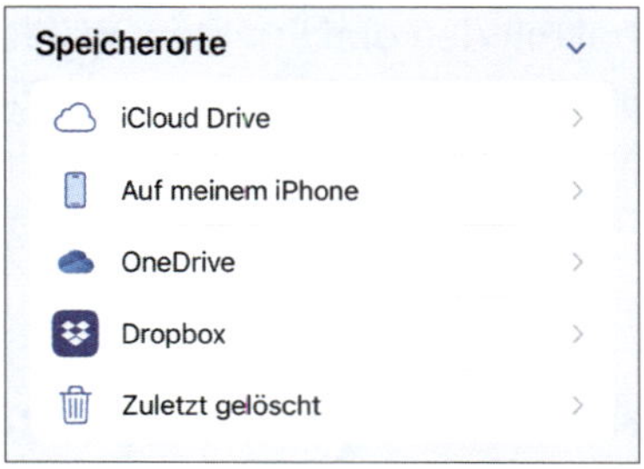

*Bei mehreren Cloud-Speicherorten wählen Sie den gewünschten aus.*

## Dateien taggen

In der App *Dateien* lassen sich Dateien durch Tags kennzeichnen. Der Vorteil von Tags: Sie können ein und dieselbe Datei mehreren Kategorien zuweisen, ohne ihren Speicherort zu verwenden. Um eine Datei zu taggen, halten Sie diese gedrückt und wählen im Kontextmenü den Eintrag *Tags*.

### Ordner erstellen und Dateien hineinbewegen

Auch klassische Ordner lassen sich in der App *Dateien* anlegen, um Ihre Dateien thematisch zu sortieren und einzuordnen. Um einen neuen Ordner auf iCloud Drive zu erstellen, halten Sie eine freie Fläche des Speicherorts gedrückt und wählen im Kontextmenü den Eintrag *Neuer Ordner*. Um eine Datei in den Ordner zu bewegen, halten Sie die Datei am ursprünglichen Speicherort gedrückt, wählen im Menü den Eintrag *Bewegen* und entscheiden sich für den gewünschten Ordner.

### Dateien komprimieren

In der App *Dateien* lassen sich mehrere Dateien in einem ZIP-Archiv komprimieren. Dazu wählen Sie die Dateien zunächst aus und tippen dann – in diesem Fall rechts unten – auf das Symbol mit den drei Punkten. Wählen Sie im sich öffnenden Menü den Eintrag *Komprimieren*. Das ZIP-Archiv wird daraufhin prompt erstellt.

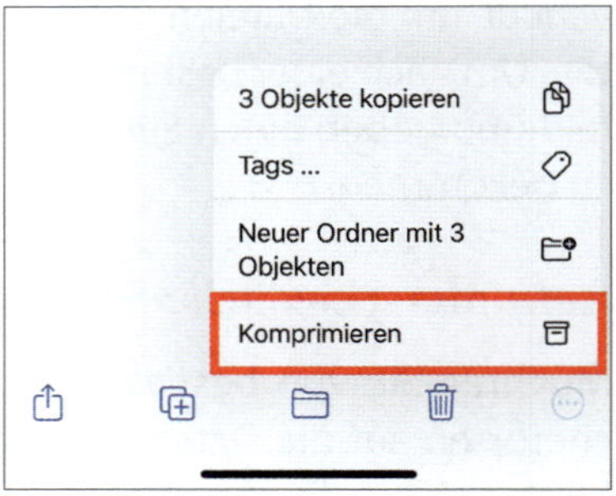

*Ein ZIP-Archiv ist zum Beispiel praktisch, wenn Sie mehrere Dateien in einem Dateipaket versenden möchten.*

## Auf iCloud Drive im Finder bzw. Windows-Explorer zugreifen

Für den schnellen Datenaustausch zwischen Ihrem iPhone und dem PC bietet sich ebenfalls *iCloud Drive* an, wobei Ihnen der gleichlautende Eintrag in der Seitenleiste des Finders auf dem Mac bereits zur Verfügung steht.

Auf einem Windows-PC können Sie diesen Eintrag im Windows-Explorer herzaubern, indem Sie im integrierten Microsoft Store die kostenlose Apple-App *iCloud* herunterladen, sich mit Ihrem Apple Account anmelden und die Option *iCloud Drive* aktivieren.

## Im Web auf iCloud-Daten zugreifen

Auf Ihre in iCloud gespeicherten Daten können Sie außerdem von überall her im Webbrowser zugreifen. Hierzu öffnen Sie die Webadresse www.icloud.com und melden sich dort mit Ihrem Apple Account an. Ihnen stehen verschiedene Web-Apps für den Zugriff auf die Daten zur Verfügung. Auch Webversionen der Apps *Pages*, *Numbers* und *Keynote* stehen bereit.

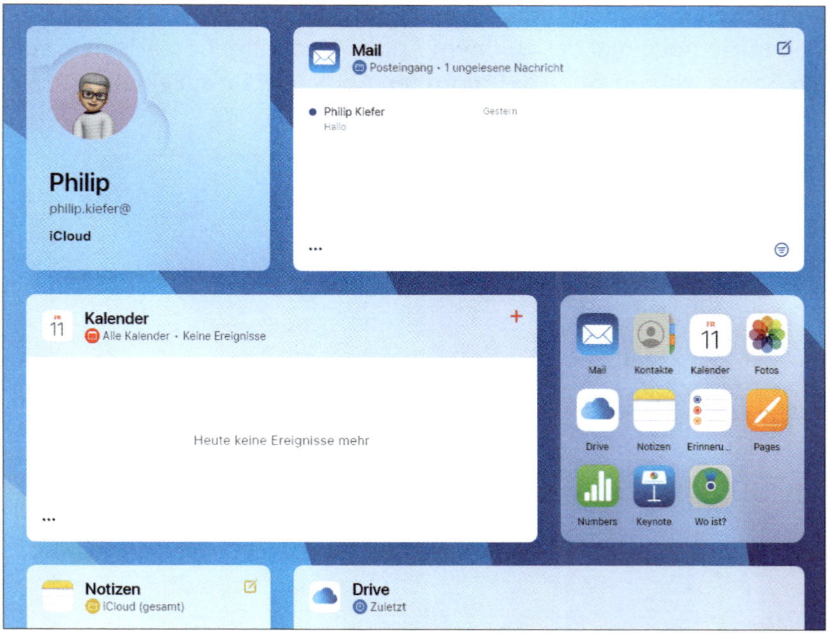


*Auch mit Web-Apps können Sie auf Ihre in iCloud gespeicherten Daten zugreifen.*

### Ihr verloren geglaubtes iPhone übers Internet orten

Was Sie ebenfalls auf der iCloud-Website finden, ist die Web-App *Wo ist?*. Diese erlaubt es, Ihr iPhone übers Internet zu orten – Voraussetzung ist lediglich, dass auf dem iPhone die Option *Mein iPhone suchen* aktiviert ist (hierzu unter *Einstellungen* auf Ihren Benutzernamen tippen und dann *Wo ist?* wählen) und dass das iPhone eingeschaltet ist. Natürlich darf es sich auch nicht im Flugmodus befinden.

Die Option *Mein iPhone suchen* bringt den zusätzlichen Vorteil, dass ein iPhone bei aktivierter Option nicht zurückgesetzt werden kann, ohne dass das zum Apple Account gehörende Passwort eingegeben wird. Das schafft zusätzliche Sicherheit.

Zum Orten klicken Sie unter www.icloud.com auf die Web-App *Wo ist?*. Geben Sie noch mal das zu Ihrem Apple Account gehörende Passwort ein. Schon werden Ihnen die georteten Apple-Geräte auf einer Karte angezeigt. Wählen Sie das iPhone in der Geräteliste aus.

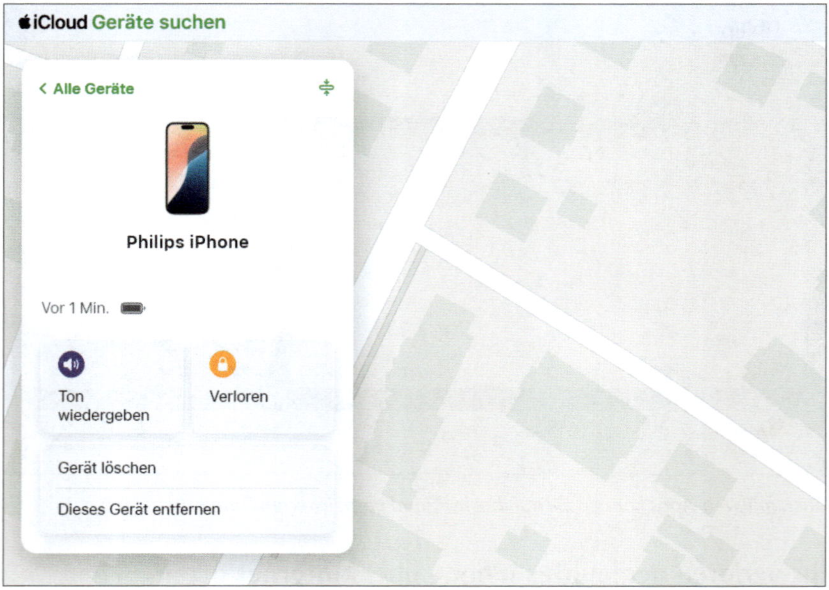


*Sie können Ihr iPhone nicht nur übers Internet orten, sondern im Notfall auch löschen.*

Es öffnet sich ein Fenster mit mehreren Optionen: um auf dem iPhone einen Signalton wiederzugeben, es aus der Ferne mit einer Code-Sperre zu versehen oder das iPhone im Notfall komplett zu löschen.

# 10. Tolle Tipps und Tricks zu weiteren Apps und Funktionen

Im letzten Kapitel dieses Buches habe ich noch zahlreiche weitere spannende Tipps und Tricks für Sie gesammelt, die sowohl die Standard-Funktionen als auch die Standard-Apps auf Ihrem iPhone betreffen. Machen Sie sich etwa mit neuen Funktionen der App *Notizen* vertraut oder erstellen Sie in der App *Karten* individuelle Routen. Verwalten Sie außerdem clever Ihre Kontakte, tauschen Sie Dateien und Infos mit AirDrop aus und noch einiges mehr.

## Nützliche Neuerungen für Notizen

Die App *Notizen* hat im Lauf der letzten Jahre immer mehr Funktionen erhalten und sich zu einem brauchbaren digitalen Notizblock gemausert. Auch in iOS 18 wurden der App einige neue Funktionen spendiert.

So kann die App *Notizen* jetzt auch rechnen. Wenn Sie eine Rechenaufgabe mit den gängigen Operatoren eintippen und ein Gleichheitszeichen setzen, wird automatisch die Lösung eingefügt. Bestätigen Sie auf der iPhone-Tastatur mit der Eingabetaste, wenn Sie die automatische Eingabe übernehmen möchten.

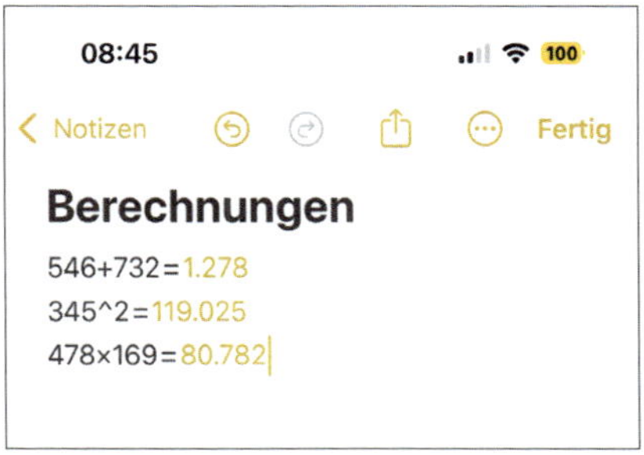


*Hier hat die Notizen-App drei Rechenaufgaben korrekt gelöst.*

Wenn Sie längere Texte in der App *Notizen* durch Überschriften strukturieren, können Sie die entsprechenden Abschnitte ein- und wieder ausklappen. Tippen Sie auf den als Überschrift formatierten Text, um den Einklapp-Pfeil einzublenden. Der Ausklapp-Pfeil bleibt nach dem Einklappen sichtbar.

*Überschriften und ihnen untergeordneter Text lassen sich einfach ein- und wieder ausklappen.*

Praktisch ist auch das Markern wichtiger Textstellen, um diese auf einen Blick erfassen zu können. Wenn Sie Text in der Notizen-App markieren, wird Ihnen das Markern in der Textformatauswahl angeboten. Entscheiden Sie sich für eine Marker-Farbe. Das Übernehmen der Marker-Farbe erfolgt per Tipp auf das Symbol mit dem Stift.

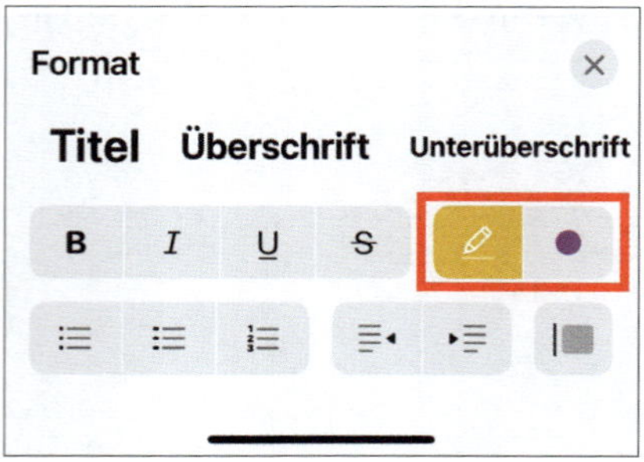


*Die Notizen-App hat in iOS 18 eine praktische Marker-Funktion erhalten.*

# Dem iPhone in die Karten geschaut

In der App *Karten* ist es mit iOS 18 möglich, individuelle Routen zu erstellen. Lassen Sie mich Ihnen diese Funktion vorstellen. Außerdem möchte ich Ihnen zeigen, wie Sie Karten offline verfügbar machen und Straßenansichten aus aller Welt aufrufen.

## Individuelle Routen erstellen

Möchten Sie zum Beispiel eine Wanderung planen oder in einer fremden Stadt die wichtigsten Sehenswürdigkeiten abklappern? Erstellen Sie in der App *Karten* eine individuelle Route, die sich offline speichern lässt.

1 Rufen Sie die Karte auf, auf der Sie die Route planen möchten.

2 Nun öffnen Sie über den in der Abbildung markierten Eintrag *Ort, Reiseführer, Routen* die »Karten-Mediathek«.

3 Entscheiden Sie sich in der Mediathek für den Eintrag *Routen*.

4 Wählen Sie das Erstellen einer eigenen Route.

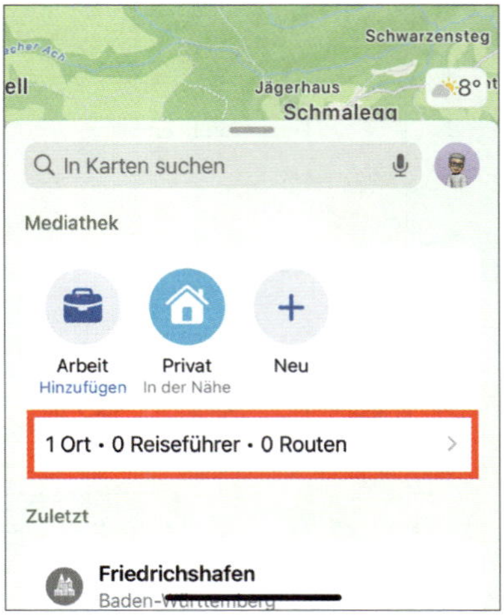


5 Erstellen Sie die Route, indem Sie auf der Karte die einzelnen Wegpunkte antippen. Der letzte Schritt lässt sich jeweils mit dem Rückgängig-Symbol widerrufen, falls Sie mal danebentippen.

6 Wenn Sie die Route fertiggestellt haben, bestätigen Sie mit *Sichern*.

7 Geben Sie der Route eine sinnvolle Bezeichnung und entscheiden Sie per Schalter, ob die Karte offline gespeichert werden soll oder nicht.

**8** Bestätigen Sie abschließend mit *Fertig*.

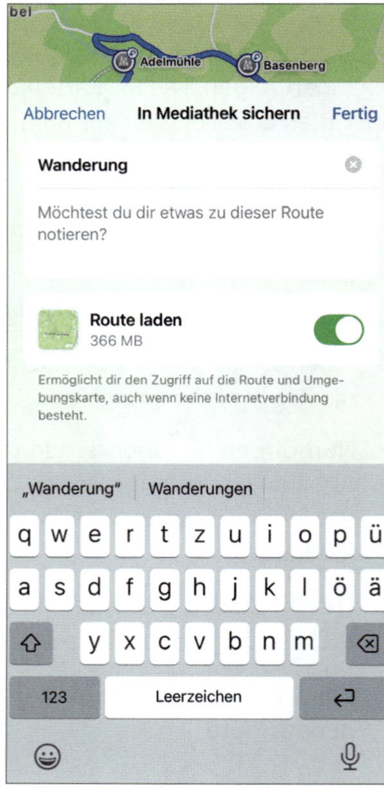


Die gespeicherte Route lässt sich nun jederzeit in der Karten-Mediathek unter *Routen* aufrufen.

## Karten offline speichern

Unabhängig von einer Routenplanung lässt sich ein Kartenbereich offline speichern. Rufen Sie dazu einen Ort auf und tippen Sie auf die Schaltfläche *Laden*. Legen Sie anschließend den Kartenausschnitt fest und bestätigen Sie noch mal mit *Laden*.

Achtung: Die Kartenausschnitte benötigen relativ viel Speicherplatz, laden Sie also nur die tatsächlich gebrauchten Ausschnitte!

*Laden Sie beliebige Kartenausschnitte herunter, um diese ohne Internetverbindung nutzen zu können.*

Um Ihre Offline-Karten zu verwalten, klicken Sie in der App *Karten* auf das Profil-Icon rechts oben. Tippen Sie dann auf den Eintrag *Offline-Karten*, können Sie Ihre heruntergeladenen Karten verwalten.

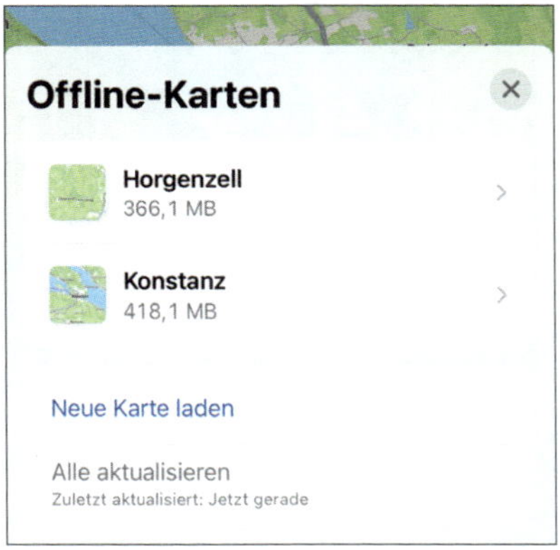


*Verwalten Sie Ihre Offline-Karten, etwa um nicht unnötig kostbaren iPhone-Speicherplatz zu belegen.*

## Schauen Sie sich in den Straßen um

Apple bietet fantastische Straßenansichten aus aller Welt. Diese Straßenansichten lassen sich auch auf Ihrem iPhone aufrufen. Um in eine Straßenansicht einzutauchen, rufen Sie die gewünschte Adresse auf und tippen dann links unten auf der Karte auf das Fernglas-Symbol, das bei Verfügbarkeit einer Straßenansicht eingeblendet wird.

Streichen Sie mit dem Finger, um sich in der Straßenansicht umzusehen. Per Fingertipp auf eine Stelle bewegen Sie sich in diese Richtung. Bewegen Sie die Karte unterhalb der Straßenansicht, wird die Straßenansicht entsprechend angepasst.

*Können Sie sich auch bei Ihrer eigenen Adresse in der Straße umschauen? Probieren Sie es aus!*

# Kontakte und Termine perfekt verwalten

Das iPhone ist nicht nur ein idealer Reisebegleiter, sondern auch der perfekte Organizer. Lassen Sie mich Ihnen auf den nächsten Seiten einige besonders praktische Tipps vorstellen, die Ihnen beim Verwalten Ihrer Kontakte und Termine dienlich sein werden.

## Beziehungen definieren

Wenn Sie Siri verwenden, kann es sich anbieten, dem iPhone mitzuteilen, welcher Ihrer Kontakte in welcher Form mit Ihnen verwandt ist. Sie brauchen Siri dann beispielsweise nicht mehr den Befehl »Ruf Margot Mustermann an« zu geben, sondern Sie sagen schlicht: »Ruf meine Schwester an«.

Hierzu gehen Sie wie folgt vor:

1 Öffnen Sie die App *Telefon* und wählen Sie *Kontakte* (bzw. öffnen Sie alternativ die App *Kontakte*).

2 Tippen Sie Ihren eigenen Namen an und entscheiden Sie sich rechts oben für *Bearbeiten*.

3 Streichen Sie nach unten und wählen Sie *Zugehörigen Namen hinzufügen*.

4 Tippen Sie auf das blaue Etikett und legen Sie fest, welche Beziehung Sie bestimmen möchten (Mutter, Vater usw.).

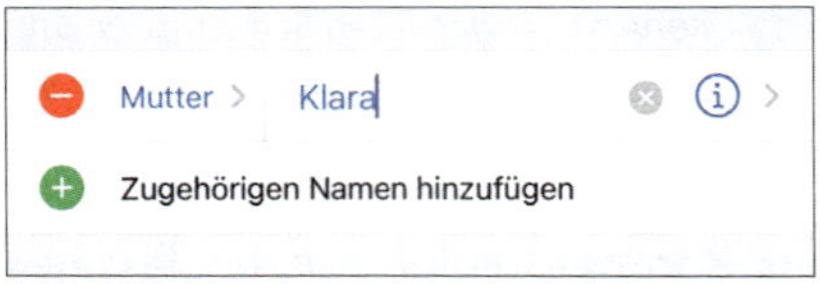


5 Tippen Sie schließlich auf das i-Symbol, um die entsprechende Person aus Ihren Kontakten auszuwählen. Bestätigen Sie mit *Fertig*.

## Doppelte Kontakte verknüpfen

Gerade bei der Synchronisierung mit unterschiedlichen Quellen kann es schnell passieren, dass ein Kontakt doppelt vorliegt. Um zwei Kontakte zusammenzuführen, werden diese auf dem iPhone verknüpft. Tippen Sie bei einem Kontakt dazu wiederum auf *Bearbeiten* und streichen Sie ganz nach unten. Wählen Sie *Kontakte verknüpfen* und suchen Sie anschließend den zu verknüpfenden Kontakt aus Ihren Kontakten aus.

## Sortier- und Anzeigereihenfolge in Einklang bringen

Standardmäßig werden die Kontakte auf dem iPhone nach Nachnamen sortiert, jedoch nach Vornamen angezeigt. Sicher bin ich nicht der Einzige, den das irritiert. Die Anzeigereihenfolge lässt sich ganz leicht der Sortierreihenfolge anpassen. Entscheiden Sie sich dazu in den *Einstellungen* für *Apps* und dann für *Kontakte*. Tippen Sie dort auf den Eintrag *Anzeigefolge*. Wählen Sie die Anzeigefolge *Nach-, Vorname*.

*Passen Sie die Anzeigefolge in den Kontakten nach Ihren Bedürfnissen an.*

## Unterschiedliche Kontaktquellen verwalten

Wenn Sie auf Ihrem iPhone mehrere Kontaktquellen nutzen, lassen sich einzelne Quellen aus- und einblenden. Dazu tippen Sie links oben in der App *Telefon* unter *Kontakte* bzw. in der App *Kontakte* auf *Listen*. Ihnen werden die verfügbaren Kontaktquellen aufgelistet, und Sie können diese durch Antippen ausblenden bzw. wieder einblenden.

## Termine noch schneller erstellen

Um einen Termin in der App *Kalender* superschnell zu erstellen, halten Sie einfach ein Kalenderfeld gedrückt. Anschließend geben Sie die Details zum Termin an. Ein Termin lässt sich mit dem Finger auch an eine andere Position ziehen.

## Anhang hinzufügen

Möchten Sie einem geschäftlichen Termin eine To-do-Liste hinzufügen? Dazu tippen Sie beim Erstellen eines Termins auf den Eintrag *Anhang hinzufügen* und wählen den Dateianhang anschließend in der App *Dateien* aus.

## Standardhinweise festlegen

Damit Sie bei neuen Terminen nicht jedes Mal extra eine Erinnerung festlegen müssen, richten Sie einen Standardhinweis ein, der Ihren neuen Terminen automatisch hinzugefügt wird. Öffnen Sie dazu die iPhone-Einstellungen und wählen Sie unter *Apps* den Eintrag *Kalender*. Tippen Sie anschließend auf *Standardhinweise* und machen Sie Ihre Angaben.

## Kalenderwochen einblenden

Besonders für die Arbeitsplanung wichtig: Kalenderwochen. Diese lassen sich in der App *Kalender* einblenden. Aktivieren Sie dazu in den iPhone-Einstellungen unter *Apps/Kalender* die Option *Kalenderwochen*.

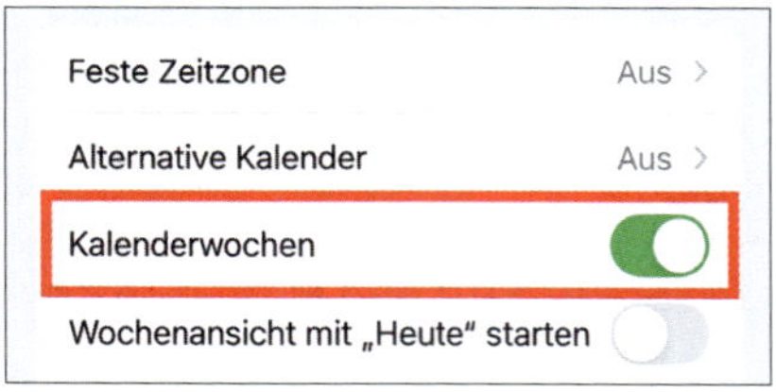


*Nützlich bei der Terminplanung: Blenden Sie die Kalenderwochen ein.*

### Feste Zeitzone nutzen

Das kann auf Reisen nützlich sein: Aktivieren Sie im Abschnitt *Kalender* unter *Feste Zeitzone* die gleichnamige Option, um zu verhindern, dass die erstellten Termine automatisch der jeweils aktuellen Zeitzone angepasst werden.

## Wichtige Infos zu Code-Sperre und Face ID

Das iPhone selbst ist schon kostbar, aber noch kostbarer sind die Informationen, die Sie im Lauf der Zeit darauf speichern: Kontakte, Dokumente, Fotos und vieles mehr. Sie sollten Ihr iPhone deshalb unbedingt mit einer Code-Sperre schützen.

Standardmäßig wird Ihnen beim Einrichten des iPhones das Erstellen eines sechsstelligen Codes angetragen. Noch sicherer ist ein längerer alphanumerischer Code – aber natürlich auch mühseliger zum Merken und Eintippen. Der alphanumerische Code kann neben Ziffern auch Buchstaben und Sonderzeichen beinhalten.

Wenn Sie sich aus Sicherheitsgründen für einen solchen Code entscheiden möchten, gehen Sie dazu folgendermaßen vor:

1. Öffnen Sie die *Einstellungen* und wählen Sie *Face ID & Code*.
2. Geben Sie Ihren bisherigen Code ein.
3. Tippen Sie auf *Code ändern*.
4. Sie werden erneut zur Eingabe des bisherigen Codes aufgefordert; anschließend wählen Sie *Codeoptionen*.
5. Im sich öffnenden Menü entscheiden Sie sich für den Eintrag *Eigener alphanumerischer Code*.

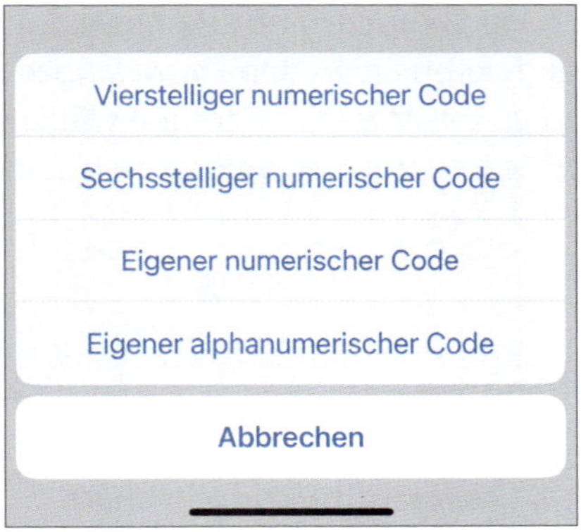


**6** Geben Sie zweimal den gewünschten Code ein. Wählen Sie am besten einen Code, der beim Eintippen keine häufigen Wechsel der Tastaturebenen erfordert!

**Daten löschen bei zu vielen Fehlversuchen**

Ihre Daten sollen lieber gelöscht werden, bevor sie einem Dieb in die Hände fallen? Aktivieren Sie in den *Einstellungen* unter *Face ID & Code* die Option *Daten löschen*, wird das iPhone nach zehn falschen Code-Eingaben zurückgesetzt.

## Für die Face ID: alternatives Erscheinungsbild und Face ID mit Maske

Bereits bei der Inbetriebnahme eines iPhones mit Face ID werden Sie zum Einrichten der Face ID aufgefordert. Sie können zusätzlich ein alternatives Erscheinungsbild konfigurieren, um die Gesichtserkennung zu verbessern. Hierzu wählen Sie in den *Einstellungen* unter *Face ID & Code* die Option *Alternatives Erscheinungsbild konfigurieren*. Folgen Sie anschließend den Anweisungen, um Ihr Gesicht einzuscannen.

Möchten Sie außerdem, dass Ihr iPhone Sie auch dann erkennt, wenn Sie eine Schutzmaske tragen? Dann aktivieren Sie in den *Einstellungen* unter *Face ID & Code* den Schalter *Face ID mit Maske* und folgen wiederum den Anweisungen. Die *Face ID mit Maske* steht allerdings erst ab dem iPhone 12 zur Verfügung.

*Alternatives Erscheinungsbild und Face ID mit Maske lassen sich in den Face-ID-Einstellungen konfigurieren.*

**Aktivieren beim Anheben abschalten**

Standardmäßig wird Ihr iPhone automatisch aktiviert, wenn Sie es anheben. Das ist praktisch, um sofort einen Blick auf die Mitteilungen werfen zu können, die auf dem Sperrbildschirm angezeigt werden – dazu braucht es also nicht unbedingt ein iPhone 16 Pro mit Always-on-Display. Andererseits kostet das Aktivieren beim Anheben zusätzlichen Strom. Wenn Sie die Funktion deshalb lieber abschalten möchten, erledigen Sie das in den iPhone-Einstellungen unter *Anzeige & Helligkeit*: Stellen Sie dort den Schalter *Beim Anheben aktivieren* auf *Aus*. Per Schalter *Immer eingeschaltet* lässt sich dort gegebenenfalls auch ein Always-on-Display deaktivieren.

## Sorgsam mit dem Apple-Passwort umgehen!

Ich kenne Personen, die jedem das zu ihrem Apple Account gehörende Passwort auf die Nase binden. Das ist schon sehr leichtsinnig, denn Sie wissen ja, was man mit dem Apple Account alles anstellen kann – von der Ortung übers Internet über Einkäufe im App Store bis hin zum E-Mail-Versand vom iCloud-Mail-Account aus. Das zu Ihrem Apple Account gehörende Passwort sollten Sie deshalb genauso geheim halten wie die zu Ihrer Bankkarte gehörende PIN! Ändern Sie außerdem regelmäßig, beispielsweise einmal im Vierteljahr, Ihr Passwort. Entscheiden Sie sich dazu in den *Einstellungen* oben für Ihren Benutzernamen, wählen Sie *Anmeldung & Sicherheit* und dann *Passwort ändern*.

## Das iPhone zurücksetzen

Wenn das iPhone mal nicht mehr reagieren sollte, führen Sie einen Reset durch, indem Sie zunächst die Lauter-Taste drücken und loslassen, dann sofort die Leiser-Taste drücken und loslassen und schließlich die Seitentaste einige Sekunden gedrückt halten, bis das Apple-Logo erscheint. Das iPhone wird neu gestartet – die auf dem iPhone gespeicherten Inhalte bleiben selbstverständlich erhalten.

Sie können jederzeit auch bestimmte Daten oder sämtliche Inhalte zurücksetzen – Letzteres ist insbesondere dann erforderlich, wenn Sie das iPhone verkaufen oder an eine andere Person weiterreichen. Die Optionen zum Zurücksetzen finden Sie in den *Einstellungen* unter *Allgemein* und dort unter *iPhone übertragen/zurücksetzen*. Hierzu ein Überblick:

- *Alle Inhalte & Einstellungen löschen:* Mit dieser Option setzen Sie Ihr iPhone komplett zurück, d. h., es wird auf den Werkszustand zurückgesetzt, sämtliche Einstellungen, Apps und Dateien werden gelöscht.
- *Zurücksetzen/Alle Einstellungen zurücksetzen:* Diese Option wählen Sie, um die Einstellungen des iPhones auf den Werkszustand zurückzusetzen. Die auf dem iPhone gespeicherten Apps und Dateien bleiben davon unberührt.
- *Zurücksetzen/Netzwerkeinstellungen:* Wie der Name schon sagt, werden mit dieser Option die Netzwerkeinstellungen gelöscht. Die WLAN-Passwörter müssen nach dem Zurücksetzen neu eingegeben werden.
- *Zurücksetzen/Tastaturwörterbuch:* Damit löschen Sie die Daten, die das iPhone durch Ihre Tastatureingaben erlernt hat.

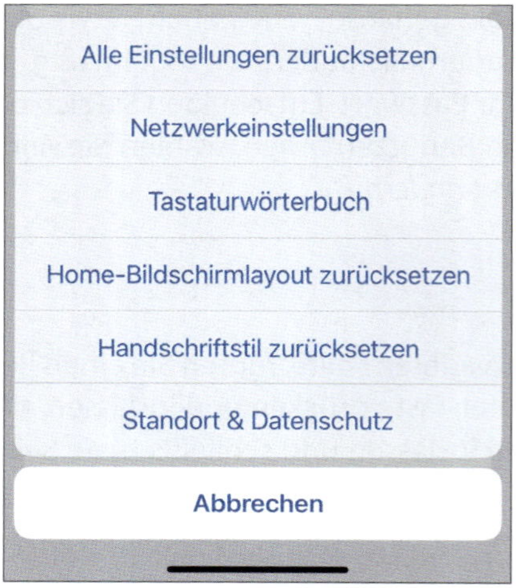


- *Zurücksetzen/Home-Bildschirmlayout zurücksetzen:* Mit dieser Option erhalten Sie den Home-Bildschirm zurück, der Ihnen nach der Inbetriebnahme Ihres iPhones angezeigt wurde. Dies betrifft aber nur die Anordnung der Apps, die von Ihnen installierten Apps werden nicht gelöscht.
- *Zurücksetzen/Handschriftstil zurücksetzen:* Diese Option setzt einen gegebenenfalls vom iPhone gespeicherten Handschriftstil zurück.
- *Zurücksetzen/Standort & Datenschutz:* Machen Sie mit dieser Option alle im Zusammenhang mit dem Standortzugriff und Datenschutz getätigten Freigaben rückgängig.

## A

## B



## C



## D



## E

## P



## Q



## R



## S